SUPERVISIÓN
Segunda Edición

EL ARTE DE CONVERTIR UN BUEN LIDER EN UN EXCELENTE SUPERVISOR

LIC. FABRICIO ROCA

Editorial Integral

INDICE

Sección 1: Entendiendo la Supervisión
Capítulo 1   ¡De Buen Líder a Mal Supervisor! 16
Capítulo 2   Un Centinela 18
Capítulo 3   Multiplicación, Expansión y Supervisión 20

Sección 2: Los Tres Perfiles del Supervisor
Capítulo 1   ¡Cuidado con el Espíritu de Firulais! 24
Capítulo 2   ¿Qué espera Dios de un Supervisor? 26
Capítulo 3   ¿Qué espera la Gente de un Supervisor? 33
Capítulo 4   ¿Qué espera el Pastor de un Supervisor? 38

Sección 3: El Pastor y la Supervisión
Capítulo 1   Selecciónelos Sabiamente 48
Capítulo 2   Capacítelos Diligentemente 51
Capítulo 3   Empodérelos Oportunamente 53
Capítulo 4   Evalúelos Constantemente 55

Sección 4: Las Funciones del Supervisor
Capítulo 1   Las Funciones en el Proceso P.D.I. 60
Capítulo 2   Las Funciones como Solucionador 67
Capítulo 3   Las Funciones en los Círculos Familiares 72

Sección 5: Las Herramientas del Supervisor
Capítulo 1   El Valor de los Controles Escritos 80
Capítulo 2   El Informe Estadístico 83
Capítulo 3   El Reporte del Supervisor 90
Capítulo 4   La Proyección de Círculos a Visitar 94
Capítulo 5   ¡Una Promesa de Dios! 97

AGRADECIMIENTOS

- Primeramente, al Señor Jesucristo, quien *siempre* ha confiado en mí, poniéndome en el ministerio.
- A mi amada esposa Bony y a mis hijos Karen, Andrés y Ana Ivón, que son mi motivación más grande para triunfar en la vida.
- A mis Padres, Héctor Roca y Ana María de Roca, que invirtieron en mi formación intelectual y emocional.
- A mi Pastor Lic. Edmundo Guillén, quien me ha influido positivamente estos años y me ha formado ministerialmente.
- A mi Iglesia, a mis compañeros del Equipo Pastoral y a toda mi amada Área 3. Quienes siempre son una fuente de inspiración, para seguir sirviendo al Señor.
- A mi equipo de supervisores, por su trabajo siempre esforzado y diligente.
- Al equipo de revisores y asesores, en especial a la Licda. Margarita de Rodríguez, por utilizar sus talentos para que este libro fuera una realidad.
- Y muy especialmente a ti, que adquiriste este libro, que con amor buscas y sirves a nuestro Señor Jesucristo.

ABREVIATURAS DE LAS VERSIONES BÍBLICAS UTILIZADAS

BAD	Biblia al Día, Sociedad Bíblica Internacional.
BLS	Biblia Lenguaje Sencillo, Sociedades Bíblicas Unidas.
DHH	Biblia Dios Habla Hoy, Sociedades Bíblicas Unidas.
LBLA	Biblia de las Américas, Fundación Lockman.
NBLH	Nueva Biblia de los Hispanos.
NVI	Nueva Versión Internacional, Sociedad Bíblica Internacional.
RV2000	Reina Valera 2000, Sociedades Bíblicas Unidas.
RV95	Reina Valera 1995, Sociedades Bíblicas Unidas.
RVA	Reina Valera 1989, Sociedades Bíblicas Unidas.

CONEXIÓN GENERAL

¡Escribe lo que ves!

¡En un Libro!

Me encontraba estudiando para sustentar mi examen privado de la Licenciatura en Teología en la Universidad Panamericana, me aparté varios días al centro de retiros llamado "El Nazareno", y Dios llamó mi atención cuando leí los versículos de **Apocalipsis 1:9-11** *"9 Yo, Juan, vuestro hermano y compañero en la tribulación, en el reino y en la perseverancia de Jesucristo, estaba en la isla llamada Patmos, por causa de la palabra de Dios y del testimonio de Jesucristo. 10 Estando yo en el Espíritu en el día del Señor oí detrás de mí una gran voz, como de trompeta, 11 que decía: "Yo soy el Alfa y la Omega, el primero y el último. <u>Escribe en un libro lo que ves</u> y <u>envíalo a las siete iglesias</u> que están en Asia: a Éfeso, Esmirna, Pérgamo, Tiatira, Sardis, Filadelfia y La Odicea".* En el versículo nueve, se describe que Juan se encuentra en la isla de Patmos a causa de la Palabra de Dios y del testimonio de Jesucristo. Y estando en el Espíritu, es decir en un momento de comunión con Dios, oyó que Dios le habló y le dijo: "escribe en un libro lo que ves y envíalo a las siete iglesias". Dios le dio al Apóstol Juan la revelación de algunas cosas que habrían de venir en el futuro y recibió la orden de escribirlo en un libro para memoria de todos nosotros.

Cuando leí en **Apocalipsis 1:11** que dice *"Escribe en un libro lo que ves"*, sabía que Dios me estaba diciendo que escribiera lo que he visto en un libro, pensé y le dije al Señor "El Apóstol Juan estaba teniendo una visión celestial y de eso fue lo que escribió, ¡yo no estoy teniendo en este momento una visión celestial!". Y Dios me respondió: "A algunos hombres les hablo en visiones y a otros en lo que miran en la vida diaria de la iglesia". Luego Dios me hizo reflexionar que en la Biblia hay hombres de Dios que escribieron lo que vieron en una visión celestial, por ejemplo Isaías, Daniel y el mismo Apóstol Juan entre otros. Pero también hay hombres de Dios que escribieron de lo que vieron en la práctica diaria de la iglesia, como por ejemplo los evangelios, de Mateo y Juan, ellos escribieron de lo que vieron en la vida diaria y práctica de Jesús, escribieron de las oposiciones religiosas, los milagros y los diferentes problemas que tuvieron que afrontar. Así mismo lo vemos en el libro de los hechos que nos describe las vivencias de la formación y organización de la iglesia primitiva, de lo cual aprendemos mucho el día de hoy. Tanto a los hombres que Dios les habló en visiones, como a los que les habló viendo y participando en la vida de la iglesia, les ordenó escribirlo en un libro y ambas experiencias están plasmadas en la Biblia para nuestra bendición.

El primer libro que tuve el privilegio de escribir fue Creci-Ingeniería, los procesos para un crecimiento sostenido. El cual, gracias al Señor tuvo una excelente aceptación, por lo que ya fue impresa la tercera edición. Y al recibir esta palabra en Apocalipsis 1:11 entendí que Dios me estaba motivando a escribir un nuevo libro. Ya mi corazón había estado inquieto por escribir sobre la importancia de la supervisión, esto debido a que en el último año de trabajo, he tenido una muy bella experiencia en dicho trabajo.

Bueno, por todo lo anteriormente descrito, decidí escribir lo que he visto en lo concerniente a la supervisión en estos doce años de trabajo pastoral. En medio de aciertos y desaciertos, junto a mi esposa Bony, hemos llegado al privilegio de tener bajo nuestra dirección un total de 50 supervisores, de los cuales 12 son supervisores generales y 38 son supervisores auxiliares.

Antes de continuar, es importante decir que si usted está leyendo este libro y no conoce la estructura bajo la cual trabaja nuestra iglesia Lluvias de Gracia, es necesario que sepa que los llamados grupos familiares, células o círculos familiares, que por razones prácticas les llamaremos círculos familiares de aquí en adelante, representan grupos pequeños de cinco o más personas, que son atendidas por un líder. Un supervisor auxiliar es el que tiene a su cargo de 3 a 10 líderes de círculos familiares. Un supervisor general es quien tiene a su cargo 2 o más supervisores auxiliares, un Pastor de Distrito tiene a su cargo 2 o más supervisores generales y un Pastor de Área es quien tiene a su cargo 2 o más pastores de Distrito.

Habiendo entendido lo anterior, usted está listo para pasar a los siguientes párrafos, vamos entonces.

¡A las Iglesias!

El Señor llamó también mi atención en el versículo once cuando dice *"envíalo a las iglesias"*, Dios responsabilizó al Apóstol Juan de compartir lo que había recibido de él. Y de la misma manera, el Señor me impulsó a escribir este libro como una responsabilidad de compartir con las iglesias lo que he aprendido en estos años supervisando círculos familiares y formando supervisores. Por si esta palabra recibida de parte de Dios fuera poco, días después, recuerdo que uno de mis supervisores generales llamado Víctor Hugo Sandoval me dijo: Dios me habló que es tu responsabilidad compartir todo lo que te ha enseñado. Eso fue impresionante para mí y una confirmación de lo que Dios ya me había hablado en la intimidad. Así que, con humildad pero con convicción escribo este libro, sabiendo que estoy cumpliendo la voluntad de Dios y mi deseo es que este libro bendiga su vida y ministerio, pero sobre todo su iglesia. Así que este libro fue escrito para bendecir a las iglesias tal y como dice Apocalipsis

1:11. Permítame entonces compartirle durante el desarrollo del mismo, como luego de hacer cambios importantes en el equipo de supervisores, eso ayudó a que nuestro Distrito fuera de 104 a 156 círculos familiares, en donde el trabajo de la supervisión tuvo una función muy importante.

¡Al Ángel!

En **Apocalipsis 2:1** en la primera parte dice *"Escribe al Ángel de la iglesia en Éfeso"*, ese Ángel es una referencia al Pastor o líderes espirituales de esa iglesia. Muchas veces me han recomendado hacer libros que abarquen mayor número de personas para que pueda venderse mejor, pero me siento llamado por Dios a escribirle a pastores y líderes de iglesias en general. Este libro va dirigido al pastor de la iglesia, al encargado de formar supervisores, al supervisor y al líder o hermano que anhela llegar a ser un supervisor de círculos familiares. El hecho de ser pastor y de haber compartido con muchos amigos pastores en once diferentes países, pero sobre todo el escuchar la voz de Dios, ha creado en mí una pasión por escribir a mis consiervos y amigos pastores, a quienes admiro y de cada uno de ellos aprendo. Permítanme con humildad compartir con ustedes algunas de las experiencias obtenidas estos años de trabajo y mi corazón es que usted aprenda de nuestros errores, para que su camino sea más fácil hacia un excelente trabajo en la supervisión y el control de calidad espiritual de los círculos familiares, porque todo esto redundará en el crecimiento de la obra de nuestro amado Dios.

¿Por qué escribir sobre la supervisión?

A parte de todo lo anteriormente descrito, Dios me hizo ver que la mayoría de los escritos del Nuevo Testamento, específicamente las cartas paulinas y también parte del apocalipsis, son producto de la preocupación tanto del Apóstol Juan como del Apóstol Pablo de la situación de las iglesias. En sus escritos fueron motivados por el Espíritu Santo para dirigir, dar rumbo o corregir a las iglesias, producto de lo que observaron en su supervisión. Esto me motiva también a mí a escribir este libro, la preocupación por la gente que está en nuestros círculos familiares e iglesias, para que al haber hombres de Dios que les cuiden, puedan ser llevados a victoria, para la gloria de Dios.

Un Testimonio de Gratitud

En el año 2,008 junto a mi equipo de supervisores en el distrito que el Señor me permitía pastorear, avanzamos de 104 a 156 círculos familiares, que es un 50% de avance en un año de trabajo. También instalamos 60 nuevos líderes incluyendo a los que substituyeron a quienes subieron de supervisores, 10 nuevos supervisores auxiliares y 3 nuevos supervisores generales. ¡Gracias al Señor!

En el año 2,009 llegamos a la bella meta de multiplicar nuestro Distrito 21, logramos en ese año de trabajo llegar de 156 a 200 círculos familiares, instalamos 70 nuevos líderes incluyendo a los que substituyeron a quienes subieron de supervisores, instalamos 18 nuevos supervisores auxiliares y 6 nuevos supervisores generales. También, por primera vez tuvimos el regalo de instalar a 2 nuevos pastores de Distrito, esto dio origen a la nueva Área 3 de la Iglesia Lluvias de Gracia. ¡Gloria a Dios!

En Honor a un Hombre de Dios

No puedo dejar de mencionar la tremenda lucha que tuvimos que enfrentar el 14 de noviembre del 2,009, día en que instalamos a los nuevos pastores de la iglesia en una actividad especial. Lamentablemente luego de esa actividad, recibimos la dolorosa noticia que Víctor Hugo Sandoval Madrid, había sufrido un infarto letal y partió a la presencia del Señor. Luego de lograr su anhelado sueño de ser pastor, el Señor decidió llevarlo a su presencia. Compartí con Víctor Hugo 12 años de mi vida, llegó a ser mi brazo derecho y sobre todo llegó a ser un gran amigo para mí. Fue un golpe muy duro, pero aunque sea doloroso para mí escribir estas líneas, este párrafo honra su memoria, su pasión por la obra de Dios y su amor por Cristo. ¡Siempre lo Recordaremos! Él hizo su parte mientras estuvo en vida, ahora nos corresponde continuar esa labor mientras Dios nos de vida.

¿Qué Hay por Delante?

En el año 2,010 esperamos multiplicar nuevamente dos distritos que pertenecen a la nueva área 3 y esperamos instalar por lo menos a 3 nuevos pastores de Distrito, si el Señor nos lo permite. Todo esto por supuesto se debe en primer lugar a la gracia y misericordia de Dios, y en segundo lugar se debe a la aplicación de procesos de trabajo en el desarrollo de la iglesia. <u>Este libro está basado en la práctica de la iglesia y no únicamente en la teoría.</u> Así que permítame compartirle lo que he aprendido en este tiempo con la ayuda del Señor.

SECCIÓN 1

Entendiendo la Supervisión

Capítulo 1
¡De Buen Líder a Mal Supervisor!

¿Le ha Pasado Alguna Vez?

¿Le ha sucedido? que usted tenía un excelente líder de un círculo familiar, vio diferentes cualidades en él y entonces decidió promoverlo a supervisor, luego de pasados algunos meses, usted se dio cuenta que **¡perdió un buen líder!** y **¡ganó un mal supervisor!** ¿No es extraño? Bueno, a mí me ha sucedido varias veces.

En muchas ocasiones, puede ser que obtenemos malos resultados debido a que subimos a la persona incorrecta, en el tiempo incorrecto, de la manera incorrecta. Usted puede tener la persona correcta, pero si la sube en el momento incorrecto será frustrante para el nuevo supervisor y para la gente a su cargo. Puede tener la persona correcta, pero si la sube de la manera incorrecta, perderá una excelente oportunidad de transmitir victoria a su congregación y motivar a sus líderes a seguirse esforzando. Sin embargo, de eso trata este libro, cómo hacer para que cuando promovamos a un buen líder ganemos un excelente supervisor.

Hágase las preguntas correctas.

Por el crecimiento que Dios nos dio y por haber avanzado de 100 a 156 círculos familiares, me encontré en la bendita necesidad de ascender a varios líderes a la posición de supervisor, debido a esto, realicé varias entrevistas a los candidatos a supervisor auxiliar. Antes de realizar las entrevistas, Dios me dirigió a reflexionar en lo siguiente: ¿Qué es lo que les tengo que preguntar para saber si son las personas adecuadas? Dicha reflexión me llevó a hacerme los siguientes cuestionamientos:

- ¿Qué espera Dios de un Supervisor?
- ¿Qué espera la Gente de un Supervisor? y
- ¿Qué espero yo como Pastor de un Supervisor?

Aunque hay factores que se repetirán en las tres áreas, como por ejemplo la integridad, la cual espera Dios, la espera la gente y por supuesto la espero yo como pastor, también es cierto que, hay aspectos muy particulares en cada área.

Luego, meditando respecto al trabajo que ellos tendrían que desarrollar, me hice dos cuestionamientos más, que son:

- ¿Qué capacitación necesito darles?
- ¿Qué herramientas necesito proporcionarles?

Este libro pretende sugerirle cómo seleccionar y capacitar a sus supervisores actuales o candidatos a supervisores. También compartiré con usted las herramientas que tiene que proporcionarle a sus supervisores para que sean efectivos en su trabajo. Así que lea conmigo cada una de las secciones de este libro y así con la ayuda de Dios, ser lo más certeros posibles en seleccionar y capacitar a las personas que promovemos.

Antes de entrar a tratar el tema en cuanto al qué hacer del supervisor, debemos recordar que toda práctica de la iglesia debe ser fundamentada con la Biblia, así que escudriñaremos en la Palabra de Dios ¿qué significa la supervisión? y ¿cómo surge este ministerio? Acompáñeme y descubrámoslo juntos.

Capítulo 2
Un Centinela

El Supervisor un Centinela

El término supervisor viene de la palabra griega **episkopos**, de donde se deriva el término castellano "episcopado". Veamos las raíces de esta palabra:

epi = sobre
skopeo = mirar o vigilar.

Podríamos definirlo como el que puede mirar o vigilar sobre otros, también podríamos decir que es el que tiene una mejor visibilidad que los otros, el supervisor tiene una posición parecida a un centinela, el cual cuidaba la ciudad desde una torre alta, para velar por los demás. En la posición que se ubicaba, tenía una mejor visibilidad para cuidar a los suyos. Eso es exactamente lo que se espera de un supervisor de círculos familiares, que vigile por los suyos desde el privilegio o posición que se le da.

La palabra episkopos aparece en Hechos 20:28; Filipenses 1:1; 1 Timoteo 3:2; Tito 1:7 y 1 Pedro 2:25. La Biblia RVR77 la traduce como «supervisor» en Hechos 20.28; y la traduce como «obispo(s)» en los demás pasajes, excepto en 1 Pedro 2:25, donde lo traduce como «Guardián de vuestras almas». En otras Palabras los términos supervisor, obispo o guardián de vuestras almas, se refieren a la persona encargada de velar por un grupo determinado de personas.

Las palabras presbítero o anciano, son otros términos que designan a la misma persona que es obispo o supervisor. Tal y como lo vemos en Hechos 20:17 y v.28. El término «anciano» indica la experiencia y entendimiento espiritual maduros de aquellos que son así descritos; el término «obispo» o «supervisor» indica el carácter de la obra emprendida.

Durante el desarrollo de este libro, estaremos analizando diferentes versículos que hablan del ministerio de la supervisión, pero iniciemos hablando de **Hechos 20:28 NBLH** (Nueva Biblia de los Hispanos) *"Tengan cuidado de sí mismos y de toda la congregación, en medio de la cual <u>el Espíritu Santo les ha hecho obispos (supervisores) para pastorear la iglesia de Dios</u>, la cual El compró con Su propia sangre."*, es interesante que esta versión de la Biblia tiene entre paréntesis la palabra supervisor y es muy importante también mencionar que dice que el supervisor fue puesto para pastorear la iglesia de Señor y le responsabiliza de tal manera que le dice que esa iglesia fue comprada con la Sangre del Señor Jesucristo. Con tal descripción podemos ver fácilmente lo crucial que es la función del supervisor. Así que con este entendimiento veamos ahora cómo surge la necesidad de la supervisión.

Capítulo 3
Multiplicación, Expansión y Supervisión

Nace la Iglesia

Es generalmente aceptado que fue en el día de Pentecostés cuando surge la iglesia cristiana, tal y como lo leemos en **Hechos 2:1-3 BLS** *"El día de la fiesta de Pentecostés, <u>los seguidores de Jesús estaban reunidos en un mismo lugar.</u>v2 De pronto, oyeron un ruido muy fuerte que venía del cielo. Parecía el estruendo de una tormenta, y llenó todo el salón. v3 Luego vieron que algo parecido a llamas de fuego, se colocaba sobre cada uno de ellos".* Vemos aquí, que un grupo de personas se comienzan a reunir alrededor de la persona de Jesucristo. Es así como entonces surge la iglesia cristiana, de la cual Cristo es su fundamento y su fundador, habiendo sido anunciando por él, que posteriormente la gente se reuniría en su nombre según **Mateo 18:20** *"Porque allí donde dos o tres de ustedes <u>se reúnan en mi nombre</u>, allí estaré yo".*

La Expansión y la Multiplicación

En el libro de Introducción al Nuevo Testamento de Everett F. Harrison, describe que los apóstoles estaban totalmente absorbidos con la tarea de dar su testimonio respecto a Jesús y pastorear a los nuevos conversos. Al inicio, el cristianismo fue un fenómeno local, que estaba dentro del área de Palestina, por lo tanto ningún escrito era necesario y ningún trabajo de supervisión como el que conocemos hoy. Pero con la expansión de la iglesia cambiaron las condiciones. Los apóstoles ya no estaban en condiciones de satisfacer la demanda de predicación con su presencia y testimonio personal. Aun las condiciones geográficas de los grupos cristianos, debido a las persecuciones, exigía la aparición de escritos bíblicos y posteriormente de supervisores y autoridades sobre los grupos o iglesias cristianas.

En el Nuevo Testamento observamos un rápido crecimiento numérico de la iglesia, tal y como leemos en **Hechos 2:40-41** *"Y con otras muchas palabras testificaba y los exhortaba, diciendo: --Sed salvos de esta perversa generación. 41 Así que, <u>los que recibieron su palabra fueron bautizados, y se añadieron aquel día como tres mil personas</u>".* Así también observamos la expansión geográfica de la iglesia en **Hebreos 13:24 BLS** *"<u>Saluden por favor a todos sus líderes y a todos los hermanos</u> que forman el pueblo santo de Dios. <u>Los hermanos que están en Italia</u> les mandan saludos".* Podríamos igualmente citar muchos versículos que hacen referencia a cristianos en diferentes ciudades. También cuando el Apóstol Juan escribe el Apocalipsis, exhorta a siete iglesias que están en el Asia.

La Multiplicación y Expansión hacen surgir la Supervisión

El nacimiento, el pronto crecimiento y expansión geográfica de la iglesia, hicieron surgir nuevos desafíos, tal y como lo vemos en **Hechos 6:1-3** *"En aquel tiempo, <u>como el número de los creyentes iba aumentando</u>, los de habla griega <u>comenzaron a quejarse</u> de los de habla hebrea, diciendo que las viudas griegas no eran bien atendidas en la distribución diaria de ayuda. 2 Los doce apóstoles reunieron a todos los creyentes, y les dijeron: --No está bien que nosotros dejemos de anunciar el mensaje de Dios para dedicarnos a la administración. 3 Así que, hermanos, busquen entre ustedes siete hombres de confianza, entendidos y llenos del Espíritu Santo, <u>para que les encarguemos estos trabajos.</u>"*
Debido a que el número de los creyentes seguía aumentando, se hizo necesaria la asignación de diferentes privilegios para

atenderlos, así lo vemos en estos versículos con el surgimiento de los diáconos. Así también, por la expansión geográfica, se hizo necesaria la supervisión de las iglesias. Esto se ve ampliamente ilustrado en la vida del Apóstol Pablo en su expresión de **2 Corintios 11:28** (CST-IBS) *"Además, a todo eso hay que sumar <u>la constante preocupación por la situación de todas y cada una de las iglesias.</u>"*

Así que podemos entender que debido al crecimiento numérico y expansión geográfica de la iglesia, se hizo necesaria la presencia de una figura que las supervisara, para cuidado y beneficio de los creyentes en Cristo, ya que los Apóstoles no podían estar presencialmente en cada uno de estos lugares. Este mismo principio se aplica hoy en día a los círculos familiares que se establecen en diferentes comunidades, colonias, vecindarios, etc. Los cuales necesitan una persona encargada de la supervisión y cuidado de ellos.

Ahora que hemos dado el fundamento bíblico, podemos sentirnos seguros que vamos por la vía correcta, en cuánto a establecer supervisores de círculos familiares, es tiempo entonces de comenzar a resolver las preguntas que nos hicimos en el capítulo 1 de esta sección, para poder elegir y formar a las personas idóneas que desarrollen el privilegio de supervisor de círculos familiares. Lea conmigo la siguiente sección y resolvamos dichas interrogantes.

SECCIÓN 2

Los Tres Perfiles del Supervisor

Capítulo 1
¡Cuidado con el espíritu de Firulais!

Uno de mis supervisores me contó la siguiente broma: Un cazador que solía ir de caza cada temporada, va a un negocio de renta de perros cazadores y al entrar dice "quiero me rente un perro, pero quiero al mejor". El vendedor le responde: ¡Tengo al mejor! Acto seguido el vendedor grita ¡Firulais! El perro llega corriendo y toma la escopeta del tipo. El hombre queda impresionado y lo renta. Al salir, el perro de un salto sube al Jeep, le abre la puerta del carro y el hombre estaba asombrado del servicio del perro. Al iniciar la temporada de caza, el perro espantaba las codornices, éstas volaban y el cazador disparaba. Al caer las codornices, Firulais no importando dónde cayeran las buscaba y las llevaba al cazador. Al terminar la temporada de caza, el hombre queda impresionado por Firulais y al llevarlo de vuelta le dice al vendedor: "yo quiero a Firulais para la próxima temporada", y como todo buen vendedor, el hombre le dice "con gusto se lo aparto, pero tiene que dejarlo pagado y además tiene un recargo por la inflación".

Así que el hombre lo dejó pagado con todo y el recargo para el próximo año. Pasado un año el cazador regresa y le muestra la factura al vendedor, recordándole que había pagado por los servicios de Firulais anticipadamente. El vendedor revisa la factura y le dice: "todo en orden, llámelo y se lo puede llevar". Entonces el cazador le grita ¡Firulais! y el perro con mirada altiva lo ve y le voltea la cara con altivez, el hombre le vuelve a gritar ¡Firulais! y el perro se muestra altivo e indiferente ante el llamado. El hombre le pregunta y le dice al vendedor, disculpe ¿Qué le pasó a Firulais? porque él NO ERA ASÍ a lo que el vendedor le responde "mire usted, es que solo lo puse de supervisor y ya no quiere hacer nada".

¡Gracioso Verdad!

Es curioso como este chiste de Firulais se asemeja tanto a nuestra realidad, vimos a un líder que multiplicaba círculos, que era sujeto, que tenía amor, etc., y decidimos promoverlo a Supervisor y luego de un tiempo, notamos que comienza a bajar en su compromiso, en su amor por Dios, en su trabajo en los círculos familiares y al igual que Firulais, ahora que le pedimos algo y no muestra la misma disposición, mirándonos altivamente. Y entonces uno piensa ¡Él NO ERA ASI!, por favor no se ofenda, pero es evidente que la culpa del cambio no fue de Firulais, sino del que lo ascendió a supervisor. En diversas oportunidades, si promovemos a alguien a una nueva posición y no lo evaluamos, capacitamos y damos herramientas para su trabajo, le estaremos haciendo un daño y no un bien. Esta sección pretende sugerirle a usted qué elementos tomar en cuenta para seleccionar a sus candidatos a supervisor y cómo capacitarlos, tanto a ellos como a los supervisores con los que ya cuenta.

Así que para que no surja el espíritu de Firulais en ningún supervisor, ponga mucha atención a esta sección, que nos ayudará a dar pasos firmes para tener supervisores efectivos. En esta sección definiremos el perfil de un supervisor desde tres perspectivas, lo haremos resolviendo las siguientes interrogantes ¿Qué espera Dios de un Supervisor?, ¿Qué espera la Gente de un Supervisor? y ¿Qué espera el Pastor de un Supervisor? Al resolver dichas interrogantes usted podrá tener el perfil de lo que se espera de un supervisor, respondamos entonces en el siguiente capítulo la primera interrogante.

Capítulo 2
¿Qué Espera Dios de un Supervisor?

¿Carácter o Capacidad?

Definitivamente, Dios espera tanto los aspectos internos como externos en la vida de un supervisor, su carácter cristiano, su trato con la gente, así como su diligencia y trabajo en la iglesia. Sin embargo, por cuestiones prácticas, incluiremos en este capítulo únicamente los aspectos que consideramos prioritarios para Dios, en cuánto a una persona que será puesta en eminencia en su obra.

El escritor de Liderazgo John Maxwell, dice que solo dos cosas nos pueden sacar del ministerio, el pecado y la gente que nos rodea, por eso, cuando está por escoger a alguien para integrarlo a su equipo, prefiere tomar tiempo para formar a los que les falta capacidad, antes que dedicar tiempo a los que les falta carácter. Ambos pueden mejorar, pero es más fácil mejorar las capacidades de la gente, que el carácter de ellas, sin embargo para todos debe existir la oportunidad de mejorar.

Es un hecho que, para el Señor es más importante el carácter que la capacidad. Por favor, no me mal interprete, Dios valora y usa gente con carácter y capacidades como el apóstol Pablo, pero si una persona tiene talentos y es carente de una verdadera vida cristiana, de nada servirá. Debido a lo anterior, nos dedicaremos en este capítulo a ver los aspectos de carácter en la vida de los futuros supervisores.

Dios espera transparencia

Leemos en **1 Timoteo 3:1 BAD** *"Se dice, y es verdad, que* *si alguno desea ser obispo, a noble función aspira"*. Estos versículos nos enseñan que si alguien desea el privilegio de ser supervisor de la obra de Dios, anhela a algo muy noble. Sin embargo, en la primera parte del siguiente versículo dice: **1 Timoteo 3:2 BLS** *"Pero debe ser alguien a quien no se le pueda acusar de nada malo"*. Dios espera antes que cualquier otro aspecto, la integridad. Tanto en que en estos versículos en los que se detallan las características que debe tener un obispo o supervisor, la primera de ellas es la integridad, debe escoger a un hombre en quien se evidencia una vida transparente. Uno de los mayores daños que hemos tenido en el trabajo de los círculos familiares, es cuando un supervisor tiene una falta moral.

La demanda de integridad que Dios hace de los obispos, todavía va más allá, lea conmigo los siguientes versículos **1Timoteo 3:2 BLS** *"Pero debe ser alguien a quien no se le pueda acusar de nada malo. Debe tener una sola esposa, controlar todos sus deseos y pensar dos veces lo que va a hacer. Debe comportarse correctamente, recibir con gusto a los viajeros en su hogar y saber enseñar. v3 No debe ser borracho, ni violento, ni buscar pelea. Al contrario, debe ser amable y tranquilo, y no estar preocupado sólo por el dinero"*. En estos versículos se demanda integridad del supervisor en su vida matrimonial, en el control de su ira, en las adicciones, como el alcohol más específicamente y en el manejo del dinero.

La Dama, La Lana y la Fama

Aunque cada uno de los aspectos mencionados en **1 Timoteo 3:2** es muy importante, muchos escritores cristianos coinciden en que los tres aspectos de mayor tentación en un ministro cristiano son: La inmoralidad sexual, el dinero y el poder. Algunos escritores, por cuestiones pedagógicas le han llamado a estos tres aspectos así: La Dama, La Lana y la Fama.

- **La Dama: 1 Timoteo 3:2b BLS** *"Debe tener una sola esposa"*. Este aspecto puede aplicarse a la vida de una persona soltera, de quien se espera que no ande con una y otra pareja, sino que sea estable y respetuoso con personas del sexo opuesto. Si usted ha visto que un líder es efectivo, pero tiene demasiadas consideraciones y cercanías con personas del sexo opuesto, es mejor esperar hasta tener paz en este aspecto de su vida. Ya que al tener mayor autoridad, tendrá relación con más personas, y una falta moral de una persona con el rango de supervisor, daña a mayor número de hermanos. Recuerdo el caso de un líder, el cual era efectivo en el trabajo pero le gustaba mucho abrazar y acariciar a las hermanas. Por esta razón, decidí hablarle para que corrigiera esa conducta. Cuando hago la entrevista a un candidato a supervisor, siempre le pregunto cómo está su relación matrimonial, en caso de ser casado. Y si es soltero, le pregunto si tiene novia y cómo está en su relación con ella. A la menor queja de alguna mujer u hombre, sobre algún supervisor, hay que confrontar el asunto con gracia y valentía, para evitar problemas mayores y crisis tanto en las familias involucradas como en la obra de Dios. Debemos enseñar a nuestros supervisores a saber manejar con integridad la autoridad que la iglesia les da, y no valerse de ella, ni para dañar a las personas, ni para lograr objetivos inmorales.

- **La Lana: 1 Timoteo 3:3b BLS** *"y no estar preocupado sólo por el dinero."* El supervisor siempre manejará más dinero que un líder. En el caso de nuestra iglesia, manejará fondos para el pago de buses, cuotas menores para gastos de algunos eventos, etc. Y si se han observado algún tipo de malos manejos en su desarrollo como líder, es mejor considerar bien la decisión. Cuando un líder no entrega la ofrenda recolectada en el círculo familiar, sino que la lleva cada dos o tres semanas, debe ser motivo de preocupación. Muchas veces la gente toma el dinero, se justifica diciendo que lo va a pagar y se maldice espiritualmente. También han habido casos en que alguien recoge dinero para alguna actividad y luego ya no llega a la iglesia, o toma "prestado" por alguna necesidad personal y pone una y mil excusas a quienes aportaron el dinero. Dañándose él internamente y dañando la conciencia de quienes creyeron en él como líder. De allí la importancia de seleccionar bien a nuestros supervisores.

- **La Fama: 1 Timoteo 3:6 BLS** *"Y no debe ser alguien con poco tiempo de haber creído en Jesucristo, <u>pues puede volverse orgulloso</u> y entonces recibirá el mismo castigo que Satanás"*. Le escuché esta anécdota a mi amigo, el pastor Gerardo Campos, de iglesia Elim, en la ciudad de San Salvador, Centro América. "Cierto joven, quien era líder de un círculo familiar, iba caminando cuando de repente una hermana le saluda, ¡Adiós hermano!, ante el saludo tan efusivo, un poco desconcertado contesta: ¡Dios la bendiga! Y luego él medita, yo no conozco a la hermana, sin embargo, ella me conoce a mí, ¡Dios me ha usado tanto, que hay gente me conoce y yo no los conozco a ellos! ¡Qué fama!" Si ponemos una persona demasiado nueva, y a decir verdad, aunque ya sea antigua, siempre será una tentación el poder y la autoridad. La ambición de ser reconocido y aplaudido, es algo que debemos enseñar a nuestros supervisores a dominar con la ayuda del Espíritu Santo. Siempre debemos recordarle a nuestros supervisores que los valores siempre van antes que la meta.

Uno de nuestros mayores modelos de supervisión en

el Nuevo Testamento es el Apóstol Pablo, este decía en **1 Corintios 11:1** (BLS) *"Así que sigan mi ejemplo, como yo sigo el ejemplo de Cristo".* Pablo como supervisor, tenía toda la solvencia moral para pedirle a la gente, síganme e imítenme a mí, porque yo imito y sigo a Cristo. Esa calidad de vida y autoridad es la que Dios espera de un supervisor.

Dios espera Inspiración.

Uno de los fundamentos de un buen supervisor, es tener una constante comunión con el que le tomó por soldado. 1 Samuel 30:4-6 *"Entonces David y la gente que con él estaba alzaron su voz y lloraron, hasta que les faltaron las fuerzas para llorar. ⁵Las dos mujeres de David, Ahinoam jezreelita y Abigail la que fue mujer de Nabal el de Carmel, también eran cautivas. ⁶Y David se angustió mucho, porque el pueblo hablaba de apedrearlo, pues todo el pueblo estaba en amargura de alma, cada uno por sus hijos y por sus hijas; mas David se fortaleció en Jehová su Dios."* David estaba en un momento difícil de su liderazgo y la Biblia dice que se fortaleció en Jehová su Dios. El Señor espera una dependencia total de aquellos que ejerzan la acción de supervisor. Por eso, es muy importante que ellos se inspiren constantemente, por medio de la comunión con Dios. Para esto debe tomar en cuenta los siguientes aspectos:

- **El supervisor debe inspirarse por medio de la oración:** La vida y trabajo de supervisión del apóstol Pablo, nos modela, por lo tanto es importante descubrir qué es lo que él consideraba importante en su ministerio. Leemos en **1 Tesalonicenses 5:17** *"Orad sin cesar".* Observamos en este versículo que una de sus más altas prioridades era la oración. Definitivamente, Dios espera que los obispos o supervisores, estén en constante comunión, para revelarles sus planes y ser dirigidos por él, así lo vemos en **Hechos 16:9-10 BAD** *"Durante la noche Pablo tuvo una visión en la que un hombre de Macedonia, puesto* *de pie, le rogaba: «Pasa a Macedonia y ayúdanos.» v10 Después de que Pablo tuviera la visión, en seguida nos preparamos para partir hacia Macedonia, <u>convencidos de que Dios nos había llamado a anunciar el evangelio</u> a los macedonios."*. Pablo tenía un Plan, pero en visión fue dirigido por el Espíritu Santo a predicar en Macedonia, el supervisor debe ser dirigido por Dios en sus decisiones y trabajo en la supervisión. Aunque cada supervisor debe tener un plan de sus círculos a supervisar, como lo veremos más adelante, debe ser dirigido por Dios en su visitación tanto a hogares como a los círculos familiares. Esta situación fue una excepción en la vida de Pablo, ya que él tenía un plan y siempre seguía el mismo. En la oración cada supervisor debe escuchar constantemente la voz de Dios.

- **El supervisor debe inspirarse por medio de la Palabra de Dios:** Pablo en su labor de formación de nuevos discípulos, en este caso Timoteo, como pastor le pide tenga como una prioridad en su vida, la lectura de las escrituras. Vea conmigo en **2 Timoteo 3:14-17** *"<u>Pero persiste tú en lo que has aprendido y te persuadiste, sabiendo de quién has aprendido</u> v15 <u>y que desde la niñez has sabido las Sagradas Escrituras,</u> las cuales te pueden hacer sabio para la salvación por la fe que es en Cristo Jesús. v16 Toda la Escritura es inspirada por Dios y útil para enseñar, para redargüir, para corregir, para instruir en justicia, v17 <u>a fin de que el hombre de Dios sea perfecto, enteramente preparado para toda buena obra</u>."*. En cierto año, nuestra iglesia le regaló una agenda a todo nuestro liderazgo, en dicha agenda contiene una sección de lectura de la Biblia que incluye los versículos que cada persona debe leer diariamente y un espacio que se titula "Dios me dijo". En dicho espacio deben anotar lo que Dios les dijo cada día. Tenemos la ilusión de que todos los líderes y supervisores, al final de cada año hayan leído

- la Biblia de pasta a pasta. La lectura de las escrituras, es lo único que hará que nuestros supervisores tengan una vida Cristo-céntrica. Le sugiero que cada vez que piense en subir a alguien a supervisor, le motive a leer toda la Biblia en un año. El Pastor Rick Warren de California, dice: "Cuando usted abre su Biblia, Dios abre su boca, cuando usted cierra su Biblia, Dios cierra su boca". Aunque Dios habla de diversas formas, una de sus vías principales para comunicarse con nosotros es su Palabra.

El supervisor debe inspirarse por medio del ayuno:
Hechos 9:8-9 *"Entonces Saulo se levantó del suelo, y abriendo los ojos no veía a nadie. Así que, llevándolo de la mano, lo metieron en Damasco, v9 donde estuvo <u>tres días sin ver, y no comió ni bebió</u>"*. Pablo ante el asombro de su encuentro con el resucitado, realiza un ayuno durante tres días. Desde el inicio de su ministerio vemos a un Pablo que practica la disciplina del ayuno. Esta debe ser una práctica constante en la vida de nuestros líderes de círculos familiares y supervisores. Es recomendable, que cada iglesia tenga su día de ayuno, en el caso de nuestra iglesia, son los días miércoles, en donde intercedemos por las necesidades y buscamos al Señor en ayuno.

Bueno, habiendo entendido que Dios espera principalmente integridad y vida devocional en un supervisor, en el siguiente capítulo resolveremos juntos la segunda interrogante.

Capítulo 3
¿Qué espera la gente de un Supervisor?

Las Expectativas de la Gente.

Siempre que se instala a un líder en una posición importante, las personas tienen expectativas de los hombres y mujeres de Dios. Así lo leemos en **Lucas 24:19-21** *"Él les preguntó: --¿Qué ha pasado? Le dijeron: --Lo de Jesús de Nazaret, que era un profeta poderoso en hechos y en palabras delante de Dios y de todo el pueblo; v20 y cómo los jefes de los sacerdotes y nuestras autoridades lo entregaron para que lo condenaran a muerte y lo crucificaran. v21 <u>Nosotros teníamos la esperanza de que él sería el que había de libertar a la nación de Israel</u>. Pero ya hace tres días que pasó todo eso".* Los discípulos que iban camino a Emaús, sin reconocerlo, le hablan al Señor diciéndole ¡Esperábamos! que él fuera el libertador de Israel. Tenían una expectativa del ministerio de Jesucristo. Lo mismo es con todo ministro cristiano, la gente tiene esperanzas y expectativas en que cumplan su papel como hombres o mujeres de Dios.

Las expectativas de la gente son amplias y variadas, en definitiva al igual que Dios la gente espera integridad, pero este aspecto ya lo abordamos en el capítulo anterior. Así que, luego de conocer lo que espera Dios en un supervisor, nos centraremos en analizar las cuatro principales expectativas de la gente. Veamos:

La Gente espera Intercesión

El Apóstol Pablo es nuestro modelo de supervisor en el Nuevo Testamento, y si algo vemos contantemente en su ministerio es una intercesión producto de un profundo amor

por su gente. **Filipenses 1:8-11** *"Dios me es testigo de cómo os amo a todos vosotros con el entrañable amor de Jesucristo. v9 Y esto pido en oración: que vuestro amor abunde aún más y más en conocimiento y en toda comprensión, v10 para que aprobéis lo mejor, a fin de que seáis sinceros e irreprochables para el día de Cristo, v11 llenos de frutos de justicia que son por medio de Jesucristo, para gloria y alabanza de Dios".* Es importante notar que la intercesión de Pablo está dirigida a que la gente viva una vida irreprochable delante de Dios. Los líderes y gente de los círculos familiares esperan que un supervisor interceda por ellos y por sus necesidades. Aunque cada quien es responsable de sus actos delante de Dios y cada quien debe tener su propia comunión con el Señor, siempre la gente tiene expresiones tales como ¡Yo sé que usted ora por mí!, y muchos lo dicen sinceramente, dando por hecho que su autoridad pide a Dios por ellos. Es más, en la vida de Pablo, nuestro supervisor de referencia en este libro, vemos que la intercesión era una práctica constante. Lea conmigo **Efesios 1:16** *"no ceso de dar gracias por vosotros, haciendo memoria de vosotros en mis oraciones".* Para Pablo, era parte de su vida, interceder por su gente. Así lo vemos orando con gozo en **Filipenses 1:4** *"Siempre en todas mis oraciones ruego con gozo por todos vosotros".*

Es importante mencionar aquí, que Pablo no sólo hacía intercesión por la iglesia, sino también intercedía por el líder de la iglesia como leemos en **2 Timoteo 1:3** *"Doy gracias a Dios, al cual sirvo desde mis mayores con limpia conciencia, de que sin cesar me acuerdo de ti en mis oraciones noche y día".* Timoteo es una de las cartas Paulinas clasificadas como pastorales y en ella, logramos percibir una oración de Pablo con amor por un discípulo. Una de las prioridades del supervisor debe ser interceder por sus líderes de círculos familiares, orando para que Dios les guarde del pecado, para que les provea trabajo, para que les fortalezca espiritualmente, etc.

La Gente Espera Autoridad Espiritual

Otra expectativa de la gente y del líder, respecto de su supervisor, es que este tenga autoridad espiritual. Lea conmigo **Romanos 1:9** *"Dios, a quien sirvo en mi espíritu anunciando el evangelio de su Hijo, me es testigo de que sin cesar hago mención de vosotros siempre en mis oraciones, v10 rogando que de alguna manera, si es la voluntad de Dios, tenga al fin un próspero viaje <u>para ir a vosotros</u>, v11 porque <u>deseo veros, para comunicaros algún don espiritual, a fin de que seáis fortalecidos</u>; v12 esto es, para ser mutuamente confortados por la fe que nos es común a vosotros y a mí"*. Pablo deseaba visitar a los hermanos para comunicarles algún don espiritual y que así fueran fortalecidos en la fe. Es importante que el supervisor sepa que cuando llegue a visitar un círculo familiar, la gente espera que algo de Dios pase. Cuando un supervisor pasa por un círculo familiar ¡se debe notar! No debe ser una mera visita de rutina, sino que debe llevar el propósito de transmitir algún don espiritual a los hermanos del círculo familiar.

La Gente espera Visitación y Atención

Una de las principales quejas de los líderes de círculos familiares y de la gente en general es esta: Mi supervisor no pasa por aquí, la gente hace sus cálculos mentales y deduce que si el supervisor tiene tres círculos familiares a su cargo debería pasar cada tres o cuatro semanas visitándolos, cuando esto no se da, comienza a haber crisis en el subsector a cargo de dicho supervisor. Leamos en **2 Corintios 12:14-15** *"Ahora, <u>por tercera vez</u> estoy preparado para ir a vosotros; y no os

seré una carga, *porque no busco lo vuestro, sino a vosotros, pues no deben atesorar los hijos para los padres, sino los padres para los hijos. v15 Y yo, <u>con el mayor placer, gastaré lo mío, y aun yo mismo me gastaré del todo por amor de vuestras almas</u>, aunque amándoos más, sea amado menos"*. El apóstol Pablo dice que por tercera vez, está preparado para ir a los Corintios, a pesar de las distancias que existían en ese entonces y de los transportes poco sofisticados. Pero el interés de un supervisor por su gente, le hace superar todo tipo de barreras para cuidar a los que tanto ama, por eso Pablo expresa: *"yo, con el mayor placer, gastaré lo mío, y aún yo mismo me gastaré del todo <u>por amor a vuestras almas</u>"*. Así también el supervisor, debe visitar constantemente a sus círculos familiares y desgastarse por amor a ellos. De esa manera la obra del Señor será prosperada para su gloria.

La Gente espera Palabra de Dios

Para Pablo una de sus prioridades ministeriales era predicar el evangelio, tanto es así que pide a la iglesia que ore por él para predicar con denuedo la Palabra del Señor. Vea conmigo **Efesios 6:18-20** *"Orad en todo tiempo con toda oración y súplica en el Espíritu, y velad en ello con toda perseverancia y súplica por todos los santos. v19 y por mí, <u>a fin de que al abrir mi boca me sea dada palabra para dar a conocer con denuedo el misterio del evangelio</u>, v20 por el cual soy embajador en cadenas, <u>y con denuedo hable de él como debo hablar</u>"*. Pablo en el versículo veinte dice que al abrir su boca quiere hablar de Cristo como debe de hablar. No con temor, ni fríamente y muchos menos indiferentemente. Sino con denuedo y autoridad.

Una de las formas como el supervisor puede ser visto como un hombre de Dios, es mediante la predicación. El supervisor debe provocar reuniones en las que por medio de la predicación bendiga la vida de sus líderes, asistentes de líder, anfitriones, etc. Una predicación puede ser el instrumento de Dios para guardar a alguien del pecado, para motivar a un líder a continuar, etc. Es recomendable que el supervisor sea capacitado en la predicación antes de ser instalado como tal.

Es importante mencionar que no queremos poner el perfil del supervisor tan alto, que parezca inalcanzable. Entendemos que todos llevamos un proceso de desarrollo en la vida ministerial, sin embargo, si desde el principio el supervisor sabe qué se espera de él. Es decir qué espera Dios, qué espera la gente y qué espera el Pastor, tomará el privilegio con la responsabilidad debida y luchará por alcanzar los parámetros bíblicos que se esperan de él. Así que, bajo ese entendimiento, acompáñeme a leer la tercera interrogante de lo que se espera de un supervisor.

Capítulo 4
¿Qué espera el Pastor de un Supervisor?

El Pastor Espera Integridad y Comunión con Dios

Es evidente que el pastor requiere de un supervisor lo mismo que requiere Dios, es decir, integridad y también una vida de comunión con el Señor. Es por eso que Pablo encarga a Timoteo que sea ejemplo, lea conmigo **1 Timoteo 4:12 BLS** *"No permitas que nadie te desprecie por ser joven. Al contrario, trata de ser un ejemplo para los demás cristianos. Que cuando todos oigan tu modo de hablar, y vean cómo vives, traten de ser puros como tú. Que todos imiten tu carácter amoroso y tu confianza en Dios"*. El principal interés de un Pastor es que sus supervisores tengan una vida correcta, sostenida en la comunión con Dios, tal y como lo tratamos en el capítulo 2 de esta sección. Y por haber ya tratado este tema, nos dedicaremos a ver algunos otros aspectos que el pastor espera de sus supervisores.

El Pastor espera Amor por la Gente.

El pastor espera que el supervisor cumpla con las expectativas que la gente tiene de él, tal y como lo vimos en el capítulo anterior, dichas expectativas son: intercesión, autoridad espiritual, visitación, atención y palabra de Dios. Pero quiero enfatizar un aspecto, el cual como pastor espero de manera especial de un supervisor, amor por la gente. Por eso me pregunto constantemente, este hermano va a cuidar bien la gente que le vamos a confiar, y en la entrevista que tengo con los candidatos a supervisor se los encargo de una manera enfática.

En la introducción de este libro, relato que me encontraba estudiando para sustentar mi examen privado de la Licenciatura en Teología en la Universidad Panamericana y me aparté varios días al centro de retiros llamado "El Nazareno", y Dios llamó mi atención cuando leí los versículos de **Apocalipsis 1:9-11** *"9 Yo, Juan, vuestro hermano y compañero en la tribulación, en el reino y en la perseverancia de Jesucristo, estaba en la isla llamada Patmos, por causa de la palabra de Dios y del testimonio de Jesucristo. 10 Estando yo en el Espíritu en el día del Señor oí detrás de mí una gran voz, como de trompeta, 11 que decía: "Yo soy el Alfa y la Omega, el primero y el último. <u>Escribe en un libro lo que ves y envíalo a las siete iglesias</u> que están en Asia: a Éfeso, Esmirna, Pérgamo, Tiatira, Sardis, Filadelfia y La Odicea"*. En el versículo nueve, se describe que Juan se encuentra en la isla de Patmos a causa de la Palabra de Dios y del testimonio de Jesucristo.

En el libro de Introducción al Nuevo Testamento de Everett F. Harrison se describe que la tradición de la iglesia testifica que el Apóstol Juan vivió en Éfeso en los últimos años de su vida y su función fue supervisar las iglesias de Asia, de allí su preocupación por la situación espiritual de ellas y por lo cual da una palabra de parte de Dios para cada iglesia en el libro de Apocalipsis en los capítulos 1 al 3.

Al entender que el apóstol Juan era el supervisor de las iglesias de Asia, nos damos cuenta que prontamente se hizo necesaria la supervisión dentro de la naciente iglesia cristiana. Juan estaba imposibilitado de llegar físicamente a las iglesias que había estado supervisando porque según los escritos de uno de los llamados padres de la iglesia, el cual se llamaba Victoriano dice: "Cuando Juan dijo estas cosas, él estaba en la isla de Patmos, condenado a las minas por César Domiciano". A pesar de tan grande limitación, su corazón estaba con las

iglesias y decide entonces escribirles bajo la guía del Espíritu Santo. Por lo cual es hermoso pensar que tres capítulos del apocalipsis son producto del amor de Dios y del amor de un hombre de Dios por la gente que habían establecido en las iglesias.

Me impresiona ver como en el corazón de Dios y del apóstol Juan, está la preocupación por las iglesias que han sido establecidas. Ese debe ser precisamente el corazón de los pastores y supervisores de círculos familiares, para conocer el estado de los círculos establecidos y cómo está la gente que pertenece a cada uno de ellos. Eso nos enseña nuestro Señor Jesucristo en **San Juan 10:10-13** *"El ladrón no viene sino para hurtar, matar y destruir; yo he venido para que tengan vida, y para que la tengan en abundancia. v11 "Yo soy el buen pastor; <u>el buen pastor su vida da por las ovejas.</u> v12 Pero el asalariado, que no es el pastor, de quien no son propias las ovejas, ve venir al lobo y deja las ovejas y huye, y el lobo arrebata las ovejas y las dispersa. v13 Así que el asalariado huye porque es asalariado y no le importan las ovejas"*. El buen Pastor, el buen Supervisor dan su vida da por las ovejas. Amar a la gente quiere decir amar al perdido, amar restaurar a la gente y amar el formar el carácter de Cristo en la gente. Estos tres aspectos los veremos en detalle en el capítulo titulado "Las Funciones en el Proceso P.D.I" en la cuarta sección de este libro.

El Pastor Espera Buena Actitud

El Hotel Dubai, ubicado en los Emiratos Árabes Unidos, es el único en el mundo calificado como siete estrellas, asemeja la forma de una vela de velero y está construido sobre el mar a manera de Isla. Todos conocen su belleza, pero no todos conocen la historia de esfuerzo, sacrificio, ingeniería y años de trabajo que conllevó su construcción. La Actitud es algo que al igual que un edificio, necesita varios ladrillos para ser construida. La actitud no solo lleva un ladrillo sino que lleva varios, los que al final levantarán el gran y precioso edificio llamado actitud. Un pastor espera una excelente actitud de un supervisor, le presento aquí algunos de los ladrillos más importantes:

- **Una Actitud Responsable:** Es importante para el pastor que la palabra del supervisor sea un contrato. Lea conmigo **Mateo 5:37** (BLS) *"Si van a hacer algo digan que sí, y si no lo van a hacer digan que no. Todo lo que digan de más viene del diablo"*. El Señor Jesucristo está hablando en el contexto de no jurar por nada, y esta versión nos dice que si vamos a hacer algo, que simplemente digamos sí y si no lo vamos a hacer, es mejor que no nos comprometamos. Uno de los aspectos que el pastor espera de un supervisor es su responsabilidad en las diversas actividades que se requiera su presencia. Es importante que llegue y que lo haga de una manera puntual. Se requiere del supervisor responsabilidad en las siguientes actividades:

    o Asistencia a Culto Dominical
    o Supervisión de los Círculos Familiares
    o Recolección de Reportes de Líder
    o Asistencia a la Reunión de Liderazgo Semanal
    o Entrega de Reportes del Supervisor

    Para algunos de los aspectos mencionados existen controles escritos que el supervisor debe llenar, de lo cual hablaremos en la última sección de este libro.

- **Una Actitud de Sujeción y Respeto:** Le doy gracias a Dios porque aunque la sujeción y el respeto siempre serán un desafío, mi equipo de supervisores me han mostrado

sujeción y respeto. Lea conmigo **Romanos *16:19* DHH** "*Todos saben que <u>ustedes han sido obedientes. Me alegro de su actitud</u>, y quiero que muestren sabiduría para hacer lo bueno, pero no para hacer lo malo;*". En años anteriores cometí el error de subir a más de algún líder con capacidades, pero sin sujeción y respeto. El resultado ya todos lo saben, problemas y estancamiento de la obra de Dios. Siempre recuerde que Dios está del lado opuesto a los rebeldes. Por favor, si usted es pastor ¡Nunca! Suba a un supervisor con problemas de sujeción, recuerde que una manzana podrida pudre a las demás, esto dañará su equipo y detendrá el avance del reino de Dios. Uno de mis supervisores con cierta frecuencia me llama para saludarme, cada vez que le pido algo, su expresión es ¡Amén Pastor! y esto no es un servilismo, sino una actitud sincera de servicio, sujeción, respeto y amor. Si usted es un pastor, quisiera compartirle que en mi opinión, sujeción no es una prohibición a pensar o razonar, permítale a su gente que opine y aporte ideas, que manifieste incluso lo que considera que está mal, dentro de las líneas de respeto y sujeción correctas. Siempre hay gente que se saldrá de las líneas de respeto y hay que encausarlas para que actúen de acuerdo a los parámetros bíblicos. Pero también hay gente bien intencionada, con buenas ideas, que merecen ser escuchadas. No se trata de tener un liderazgo caudillista, escuche y tome decisiones sabias. Si usted que está leyendo este libro es un supervisor, quiero decirle que su pastor estará dispuesto a escucharlo, si usted da sus opiniones en el momento correcto, en el lugar correcto y de la manera correcta.

- **Una Actitud de Disponibilidad: Hechos 19:22** "*<u>Envió entonces a Macedonia a dos de los que lo ayudaban</u>, Timoteo y Erasto, y él se quedó por algún tiempo en Asia*". Pablo necesitó gente disponible a su lado, como

Timoteo y Erasto, para que cuando fuera necesario les enviase a predicar el evangelio o supervisar las iglesias establecidas. De la misma manera, el pastor requiere gente con disponibilidad, la cual empieza como una actitud, pero se concretiza cuando se tiene tiempo. Hay personas que no tienen una actitud de disponibilidad, por otro lado hay gente que tiene un corazón dispuesto a servir pero no tiene tiempo. Si usted es un pastor, quisiera sugerirle, con base en doce años de estar trabajando con supervisores y lideres, ¡No se engañe!, para tener un supervisor efectivo, se necesita que tenga tiempo. Las buenas intenciones no bastan, ¡insisto!, se necesita tiempo. He tenido diversas situaciones en las que hay gente con un corazón dispuesto a servir, que son íntegros, que aman a Dios, que me aman a mí, pero no tienen tiempo y el resultado ha sido el mismo, ¡fracaso! Los resultados son desastrosos por instalar como supervisor a alguien que no tiene tiempo, ya que luego es un problema removerlo, pensando en que no se desanime y por considerarlo a él, la gente a su cargo es dañada. Así que le recomiendo que si va a instalar a un nuevo supervisor al entrevistarlo vea bien este aspecto.

Recuerdo que en cierta oportunidad habíamos visto a una hermana para subir como supervisora, hablamos con ella y nos dimos cuenta que le era ¡imposible! supervisar los círculos familiares, por sus compromisos de estudio universitario. Ella actualmente sigue siendo una buena líder, decidimos subir a otra persona, la cual está haciendo un excelente trabajo. Esto del tiempo es muy variado y hay que trabajarlo con sabiduría ya que tenemos gente dedicada a sus estudios universitarios, que en la semana tiene un día disponible y tratamos de darle a su cargo círculos familiares que ellos puedan supervisar en ese día.

Si usted es un supervisor, y está leyendo este libro, le sugiero organizar bien su tiempo para tranquilidad suya y beneficio de la obra de Dios. Por otro lado, si usted es un candidato a supervisor, organice bien su tiempo y también súmele un espíritu de sacrificio, para hacer la obra de Dios. Recuerdo que cuando trabajé como supervisor auxiliar, llegó un momento en que me encontré en mi trabajo de Analista de Sistemas, en mi función de esposo, estaba estudiando en la universidad, cumpliendo mi rol como Padre de Familia y como ministro de Dios. Y quiero decir que en momentos fue sumamente difícil para mí cumplir con todo, pero cuando se tiene un llamado de Dios, la vida cobra sentido y hay una satisfacción interna. Así que aunque a veces es difícil, organízate y ¡No te Rindas!

- **Una Actitud de Alumno:** Jigoro Kano, fue el fundador del arte marcial de Judo. Él poseía una disposición extraordinaria para aprender. Escudriñó el casi difunto arte marcial de jujitsu y lo modificó para incorporarle principios modernos de deporte, creando el arte del Judo. El cual se convirtió en el sistema de defensa de la policía japonesa y fue el primer arte marcial oriental en ser aceptado en la competición internacional de las olimpiadas. Kano estaba <u>tan enfocado en aprender</u> mejoradas técnicas en toda faceta de la vida, que encontró nuevas y mejores maneras para que las islas japonesas educaran a su juventud. Se hizo conocido como el padre de la educación moderna japonesa. Kano era bien respetado en círculos atléticos, sociales y políticos a nivel mundial. Antes de morir, este mundialmente reconocido experto en artes marciales reunió a sus estudiantes. Mientras se reunían para escuchar sus palabras, él anunció: "Cuando me entierren, ¡no me entierren con un cinturón negro! ¡Asegúrense de enterrarme con un cinturón blanco!". En las artes marciales el cinturón blanco es símbolo de un principiante, un aprendiz que tiene mucho por aprender. ¡Qué lección de humildad y disposición de aprender! ¡Esta es una Actitud de Alumno! Lea conmigo **Efesios 4:22-23 BAD** *"Con respecto a la vida que antes llevabais, se os enseñó que debíais quitaros el ropaje de la vieja naturaleza, la cual está corrompida por los deseos engañosos; <u>ser renovados en la actitud de vuestra mente;</u>"* La Biblia nos enseña que nuestra actitud debe ser renovada y para un pastor la actitud de alumno en un supervisor, es muy importante. Tengo supervisores que cuando les hablo, veo un brillo en sus ojos que no miro en otros, veo deseos de aprender, veo en sus gestos que me dicen ¡enséñeme por favor! A ellos es a los que les doy mis mejores consejos, a los que más tiempo les dedico por su actitud de alumno. Si usted es pastor, le recomiendo estar atento a la actitud de alumno de su gente y formar a los que demuestren este deseo de aprender de usted. Si usted es supervisor o candidato a supervisor, le recomiendo tener siempre un deseo de aprender como lo vimos en la historia de Jigoro Kano, esto le hará crecer en su liderazgo y honrará a su pastor.

- **Una Actitud de Iniciativa:** Uno de los aspectos que más requiero de un supervisor es iniciativa. Lea conmigo **Lucas 17:10 NBLH** *"Así también ustedes, cuando hayan hecho todo lo que se les ha ordenado, digan: '<u>Siervos inútiles somos; hemos hecho sólo lo que debíamos haber hecho.</u>"* En estos versículos la Biblia nos enseña que si hacemos lo que nos piden, simplemente hemos hecho lo mínimo. Uno de los aspectos que en lo personal más valoro en un supervisor, es la iniciativa. Tengo supervisores que sin pedirles que hagan una determinada actividad toman la iniciativa de hacerlo. Uno de ellos, por ejemplo, en un mes de Enero decidió llevarse a un retiro de un día a sus líderes y asistentes de líder, es decir su gente clave, les

compartió un mensaje, les habló del plan que tenían en el año y convivió con ellos como amigos. El resultado era de esperarse, ese año su sector llegó a tener treinta círculos familiares y se multiplicó. Cuando hay actividades organizadas con la iglesia, se notan los supervisores con iniciativa, llevan una pancarta, llevan a la gente con una playera del mismo color, hay ilusión, hay avance, en fin la iniciativa ¡marca grandes diferencias!

El Pastor Espera Diligencia en la Multiplicación:

Como Pastor espero de mis supervisores que cumplan su función con diligencia y multipliquen lo que ponemos en sus manos. Pablo habla de un hermano, cuya diligencia había sido demostrada en **2 Corintios 8:22** *"Enviamos también con ellos a nuestro hermano, cuya diligencia hemos comprobado repetidas veces en muchas cosas, y ahora se muestra mucho más diligente por la mucha confianza que tiene en vosotros."* Así como el apóstol Pablo, todo pastor necesita gente diligente a su lado, que provoque crecimiento en la obra de Dios. Se espera que todo supervisor dirija a sus círculos familiares a evangelizar, consolidar y capacitar. En el capítulo titulado "Las Funciones en el Proceso P.D.I." en la sección cuatro de este libro, hablaremos sobre la importancia de la diligencia del supervisor en la multiplicación. Todo pastor que trae un nuevo miembro al equipo, espera que este sea productivo y tenga resultados positivos en los círculos que le den a su cargo.

Bueno, habiendo entendido ¿Qué espera Dios de un Supervisor? ¿Qué espera la gente de un Supervisor? y ¿Qué espera el Pastor de un Supervisor? adentrémonos en el papel que el Pastor desempeña para la correcta instalación y desarrollo del ministerio de la supervisión.

SECCIÓN
3

La Función del Pastor en la Supervisión

Capítulo 1
Seleccione Sabiamente

En los capítulos anteriores, hemos visto detenidamente lo que se espera de un supervisor, qué expectativas tiene Dios, la gente y el Pastor de los supervisores de círculos familiares. Así que teniendo ese perfil, nos corresponde como pastores seleccionar, capacitar, dar herramientas y evaluar a dichos supervisores para que sean más efectivos en su trabajo.

En la Iglesia Primitiva, con base en la voluntad y designación divina, debía haber obispos en cada iglesia local, como lo observamos en **Filipenses 1:1** *"Pablo y Timoteo, siervos de Jesucristo, a todos los santos en Cristo Jesús que están en Filipos, con los obispos y diáconos:"*, estos eran designados por los apóstoles, o bien por delegados específicamente instruidos para esta tarea. Esta es precisamente una de las labores principales del Pastor, seleccionar a los futuros supervisores de una manera sabia y guiada por el Espíritu Santo.

Ore Diligentemente

Si usted es líder de círculo familiar, supervisor o pastor, antes de elegir a quien formar, hable con Dios y pídale su dirección. Leamos **Lucas 6:12-13 BLS** *"En aquellos días Jesús subió a una montaña para orar. Allí pasó toda la noche hablando con Dios. v13 Al día siguiente llamó a sus seguidores, y eligió a doce de ellos"* Es maravilloso pensar que Jesús pasó ¡Toda la noche orando! para seleccionar a los que serían sus más cercanos. Esa debe ser nuestra actitud, antes de que por una emoción o necesidad de cubrir una plaza vacante tomemos una decisión, hablemos con el Padre y él que conoce los corazones nos dirigirá.

Busque consejo humildemente

Si usted es pastor, pregunte a su equipo cercano quiénes podrían ser los futuros candidatos. Recuerde que la Biblia dice en **Proverbios 15:22** *"Los pensamientos se frustran donde falta el consejo, pero se afirman con los muchos consejeros"*. Si usted es supervisor aplique este principio para seleccionar sus futuros líderes.

Escójalos Bíblicamente

Cuando en la Biblia aparece la palabra obispo en singular, generalmente el pasaje describe cómo debía ser un obispo. Por ejemplo en **Tito 1:7** *"Es necesario que el obispo sea irreprochable, como administrador de Dios; no soberbio, no iracundo, no dado al vino, no amigo de contiendas, no codicioso de ganancias deshonestas."* En la sección anterior aprendimos los aspectos bíblicos a tomar en cuenta para escoger adecuadamente a un futuro supervisor. Resolvimos las tres interrogantes más importantes para definir su perfil de ingreso, y en este filtro Bíblico de **Tito 1:7**, usted debe determinar si los nombres de las personas que le han dado, cumplen en buena medida dicho perfil. Ninguno llegará al 100% pero seleccione entre ellos de lo bueno, lo mejor, para que el reino de Dios avance y el nombre de Cristo sea glorificado.

Entrevístelos Diligentemente

En **San Marcos 3:13** leemos *"Después subió al monte y llamó a sí a los que él quiso, y vinieron a él"*. Jesús luego de

haber buscado al padre, decidió y llamó a los que él quiso. Así que, luego de haber pedido consejo y analizarlo bíblicamente, cítelos a una entrevista. El objetivo de dicha entrevista es que usted pueda medir el corazón de los candidatos, evaluar su tiempo y disposición de servir, etc. Pero también tiene como objetivo que usted como pastor transmita su corazón de lo que espera de ellos, que les transmita lo que Dios espera de ellos y la expectativa que la gente tendrá de su ministerio. Es importante dejar claro a los candidatos, que la entrevista no es un compromiso y que el ascenso podría darse o no.

Bueno, ahora que ha culminado el proceso de selección, prepárese para desarrollar el proceso de capacitación. Acompáñeme al siguiente capítulo.

Capítulo 2
Capacítelos Responsablemente

Imparta una Escuela de Supervisores Magistralmente

Luego de haber terminado el proceso de selección, le sugiero que establezca una escuela de supervisores, en ella capacítelos en las diferentes áreas relacionadas con la supervisión. Le sugiero utilizar este libro para capacitarlos, lo ideal sería que cada uno de los participantes en la escuela adquiriera un libro, y repasen en casa cada uno de los capítulos estudiados en la escuela de supervisores.

La Biblia nos enseña que Pablo fue instruido en la ley por Gamaliel, luego fue llamado por Dios y establecido en el ministerio apostólico y de supervisión de iglesias. Esta capacitación le hizo ser más útil en las manos de Dios que otros apóstoles. Así lo leemos en Hechos 22:3 **BLS** *"Yo soy judío. Nací en la ciudad de Tarso, en la provincia de Cilicia, pero crecí aquí en Jerusalén. Cuando estudié, mi maestro fue Gamaliel, y me enseñó a obedecer la ley de nuestros antepasados. Siempre he tratado de obedecer a Dios con mucho entusiasmo, así como lo hacen ustedes"*. De la misma manera, en la medida que capacitemos a nuestros supervisores, así podrán ser útiles en las manos de Dios.

En esta escuela usted debe capacitar a los supervisores en aspectos internos y externos. Los internos son los que tienen que ver con su vida personal tales como su integridad, su vida devocional, etc. Estos aspectos los hemos tocado ya en las primeras dos secciones. Y los aspectos externos tienen que ver con lo que es puramente el trabajo ministerial, tales como el evangelismo, la consolidación y la capacitación los cuales se explican en las secciones 4 y 5.

En el capítulo titulado ¿Qué espera el Pastor del Supervisor? hablamos acerca de que una de las expectativas del pastor es la multiplicación, cada supervisor es establecido en un sub-sector o sector, para hacer que ese equipo gane. Pero no podemos exigir resultados si antes no los hemos capacitado para su labor.

Minístrelos Constantemente

Pablo dirigiéndose a los creyentes en Roma les dice en Romanos 1:11 *"porque deseo veros, para comunicaros algún don espiritual, a fin de que seáis fortalecidos"* El Apóstol tiene la intención de llegar a la iglesia y transmitirles algún don espiritual, con el objetivo que sean fortalecidos. Es importante que el pastor ministre constantemente a sus líderes y supervisores, ya que por el trabajo ministerial sufren un desgaste físico y emocional. En las reuniones semanales de liderazgo debe existir una Palabra de Dios para fortalecerlos en la fe.

También quisiera sugerirle a usted como pastor, que no deje pasar un año sin llevarse a su liderazgo y equipo de supervisores a un retiro espiritual, en donde transmita temas de restauración, visión y llamamiento principalmente.

Bueno, hemos terminado el proceso de la selección, el proceso de la capacitación y ahora vamos al proceso del empoderamiento. Veámoslo.

Capítulo 3
Empodérelos Oportunamente

La Persona Correcta

Es muy importante escoger a la persona correcta para la supervisión de los círculos familiares, de esto hemos hablado ampliamente en el capítulo 1 de esta sección, por lo cual nos dedicaremos en este capítulo a entender que no basta tener la persona correcta, sino que hay que instalarlos de la manera correcta y en el momento correcto para tener la aceptación de las personas que estarán bajo el liderazgo del nuevo supervisor. Así que le sugiero el siguiente procedimiento para que la instalación de nuevos supervisores tenga los frutos esperados:

De La Manera Correcta

Es mi recomendación, que cuando vaya a instalar a un nuevo supervisor lo haga de la manera correcta, hágalo de una manera pública y empodere a ese nuevo supervisor. Si solo le delega responsabilidad, pero no le delega autoridad, no funcionará. Debe instalarlo delante de los líderes que estarán bajo su cargo y debe dignificarlo, haciendo ver que ya fue capacitado y mencione el por qué de la selección del nuevo candidato.

En el libro de los hechos, observamos que una práctica para la instalación de personas en nuevos privilegios era imponerles las manos, esto simbolizaba una autoridad delegada por la iglesia. Lea conmigo **Hechos 6:5-6** *"Agradó la propuesta a toda la multitud y eligieron a Esteban, hombre lleno de fe y del Espíritu Santo, a Felipe, Prócoro, Nicanor, Timón, Parmenas y Nicolás, prosélito de Antioquía. v6* <u>*A estos presentaron ante los apóstoles, quienes, orando, les impusieron las manos"*</u> Así que, públicamente instálelos

delante de la congregación, mi sugerencia es que primero los instale en la reunión de líderes y posteriormente instálelos en el culto dominical. Si es posible compre algún distintivo que le identifique como supervisor y entréguselo públicamente.

En el Momento Correcto

Uno de los momentos más oportunos para instalar a un nuevo supervisor es cuando un sub-sector o sector llega a un número de círculos familiares que ameriten una multiplicación. Por ejemplo si un sub-sector llega a 10 círculos o un sector llega a 25 o 30 círculos, es un tiempo adecuado para una multiplicación. Esto nos dará la oportunidad de agradecer a Dios por el trabajo del supervisor que alcanzó la meta de multiplicación, así mismo nos permitirá dignificar al nuevo supervisor.

Haciéndolo de la manera correcta en el momento correcto, nadie sentirá que le quitaron gente o que los dividieron, sino se verá como lo que es, un momento de victoria en que se alcanzó la meta de la multiplicación. Así que haga de ese momento una verdadera fiesta.

Bien, hemos aprendido que el Pastor debe seleccionar sabiamente, capacitar responsablemente y empoderar oportunamente, nos corresponde ahora hablar sobre la importancia de evaluar constantemente. Vamos al siguiente capítulo.

Capítulo 4
Evalúelos Constantemente

La Biblia nos enseña en **Proverbios 27:23** *"Sé diligente en conocer el estado de tus ovejas y mira con cuidado por tus rebaños"*. Es necesario que el pastor revise como está el estado de sus ovejas frecuentemente. Luego de haberlos empoderado corresponde al pastor revisar su desarrollo en la obra del Señor. En nuestra iglesia realizamos esta labor con dos reuniones muy importantes que son las siguientes:

En la Reunión M.E.P. Semanal

Esta reunión la realiza el pastor semanalmente con supervisores y líderes. Los supervisores llegan de 30 minutos a una hora antes que los líderes para tener un M.E.P. (Ministración, Evaluación y Proyección) con el pastor. Generalmente la reunión dura de 30 minutos a una hora aproximadamente con los supervisores. En esta reunión se realizan las siguientes actividades:

- Evaluación de Informe Estadístico
- Evaluación del reporte del supervisor. Este reporte se explica detalladamente en la sección de "Herramientas del Supervisor".
- Seguimiento de la Agenda Semanal: Esta es una hoja que se entrega a todos los líderes y supervisores, que contiene el M.E.P de la semana.
    - **Ministración:** En la Agenda se especifica el mensaje que se compartirá esa semana en los círculos familiares.
    - **Evaluación:** En la Agenda se detalla los puntos a evaluar esa semana tanto con líderes como con supervisores. Estos puntos a evaluar varían semanalmente debido a que como el tiempo es

corto, se da prioridad a evaluar uno o dos aspectos por semana.
- **Proyección:** En la Agenda se comparten los anuncios de la semana y los objetivos a alcanzar durante la misma. Esto también se hace variado, debido al corto tiempo.

- Dependiendo del énfasis de la semana, se revisa un aspecto del proceso P.D.I., en cuanto al evangelismo, consolidación y capacitación.

En la Reunión de Evaluación y Proyección por Ciclo

Esta reunión se realiza al finalizar cada ciclo (de 6 a 8 semanas de trabajo), el objetivo es evaluar el ciclo que concluyó y proyectar el nuevo ciclo. Se recomienda que cada supervisor tenga un folder o carpeta en la que lleve el control de los diferentes informes que se le evalúan constantemente. Esta reunión generalmente se realiza un día del fin de semana y dura de 4 p.m. a 9 p.m. aproximadamente y se revisan los siguientes aspectos:

- **Evaluar y Proyectar el Informe Estadístico:** Se evalúan los resultados del ciclo que finalizó y se mira si se alcanzaron las metas numéricas trazadas. También se proyectan las metas del nuevo ciclo para cada supervisor. Este informe se explica detalladamente en la sección de "Herramientas del Supervisor".
- **Revisión Detallada del Proceso P.D.I.:** Se evalúa detalladamente el trabajo de cada supervisor en cuanto al evangelismo, consolidación y capacitación.
- **Evaluar y Proyectar Hoja de Proyección de Visitas a Círculos:** Se evalúan y proyectan las visitas a

los círculos familiares. Esta hoja está explicada detalladamente en la sección de "Herramientas del Supervisor".
- **Revisión de la Agenda Anual:** Se revisan las actividades programadas para los siguientes dos meses, delegando funciones dentro de los diferentes supervisores para dichas actividades.
- **Evaluación de Círculos a Multiplicar:** Se evalúa y proyecta como va el trabajo para la multiplicación de círculos familiares en las fechas asignadas por la iglesia, que generalmente es Junio y Noviembre. La manera como lo hacemos está ampliamente explicado en el libro Creci-Ingeniería, los procesos para un crecimiento sostenido.
- **Convivencia:** En esta reunión generalmente se aprovecha para compartir un tiempo de comida y platicar como amigos.

En la Práctica

Como recomendación final respecto del papel del pastor en la supervisión, no está demás decir que el pastor debe realizar visitas a los círculos familiares, preferentemente acompañado de uno de sus supervisores. Esto le permitirá evaluar en el mismo terreno de la batalla y además ser ejemplo para ellos. Lea conmigo **2 Corintios 7:5** NVI *"Cuando llegamos a Macedonia, nuestro cuerpo no tuvo ningún descanso, sino que nos vimos acosados por todas partes; conflictos por fuera, temores por dentro".* Sé que la agenda del pastor es muy ocupada, sin embargo es muy recomendable que realice según el tiempo se lo permita, labores de supervisión. Note que en este versículo dice "cuando llegamos", habla plural, Pablo modelaba la supervisión en el campo mismo de batalla. Como pastores siempre debemos "oler a oveja" y la supervisión de círculos familiares es una excelente oportunidad para estar

cerca de nuestra gente y modelarle a nuestros supervisores.

Con este capítulo hemos concluido lo que respecta a la función del Pastor en lo relacionado a la supervisión. Ahora comencemos a pensar en las funciones del supervisor, las cuales son muy diversas, y por eso dedicaremos la siguiente sección del libro para hablar de ello. Así que vaya conmigo y aprendamos juntos acerca de dichas funciones.

SECCIÓN 4

Las Funciones del Supervisor

Capítulo 1
Las Funciones en el Proceso P.D.I.

El supervisor debe estar absolutamente consciente que fue designado para hacer que su equipo gane. Una de las áreas en las que más se espera de él, es el seguimiento del Proceso de Desarrollo Integral (P.D.I.). Si usted está leyendo este libro y desea conocer este proceso a detalle, le recomiendo comprar el libro Creci-Ingeniería, los procesos para un crecimiento sostenido. En el cual se explica detalladamente la importancia de dicho proceso y cómo introducirlo en su congregación. Le recomiendo que todos sus líderes y supervisores lean Creci-Ingeniería, para desarrollar efectivamente su labor. Una de las funciones PRIMORDIALES del supervisor es dar seguimiento al proceso P.D.I. dentro de su sector o sub-sector.

Si usted recuerda, en el capítulo llamado ¿Qué espera el Pastor de un Supervisor? dijimos que, dos de los aspectos que espera el pastor del supervisor son: amor por la gente y multiplicación de los círculos que le están confiando. Estos dos factores se ven unidos en el seguimiento del proceso P.D.I, ya que el supervisor que da un buen seguimiento en esta área, está evidenciando amor por la gente y diligencia en la multiplicación. Como parte de la capacitación que se da en la Escuela de Supervisores, se debe incluir un buen tiempo para orientarlos respecto a cómo darle seguimiento a sus círculos familiares en este aspecto. Así que, una vez capacitados los supervisores, se espera que supervisen los siguientes procesos:

Supervisar el Proceso del Evangelismo (kerygma):

Son muy interesantes las palabras del teólogo M. Flick

que dice "Una comunidad de fe (o religiosa) que dejara de predicar, no podría ser la verdadera Iglesia de Cristo". En definitiva, una de las labores primordiales de la iglesia es el anuncio del evangelio. Jesús encargó a la iglesia predicar y enseñar. En las epístolas encontramos que la predicación viene del término kerygma y la enseñanza del término didaché. El mensaje kerygmático abarca entonces el mensaje del evangelio para los no salvos. Y esa precisamente debe ser una de las labores primordiales del supervisor.

Uno de los modelos de supervisor que hemos tomado en este libro, es el Apóstol Pablo, quien no desaprovechaba ninguna oportunidad para presentar el evangelio, aún en las peores situaciones de su vida, por ejemplo cuando estaba preso y defendiéndose ante el rey llamado Agripa. Así lo describe **Hechos 26:27-29** *"¿Crees, rey Agripa, a los profetas? Yo sé que crees.* v28 *Entonces Agripa dijo a Pablo: --<u>Por poco me persuades a hacerme cristiano</u>.* v29 *Y Pablo dijo: --¡Quisiera Dios que por poco o por mucho, no solamente tú, sino también todos los que hoy me oyen, fuerais hechos tales cual yo soy, excepto estas cadenas!"*. El mismo rey Agripa dice "por poco me persuades a hacerme cristiano", Pablo en lugar de justificarse a sí mismo para ser dejado en libertad, anunció el evangelio, para eso había sido llamado y por lo cual estaba preso, eso era lo que corría por sus venas. Igualmente se espera del supervisor, que el evangelismo sea parte de su vida misma y que dirija a sus líderes a hacer lo mismo.

Si usted ya leyó el libro Creci-Ingeniería, sabe que dentro de nuestra iglesia, Lluvias de Gracia, considerada una Mega-Iglesia en la ciudad de Guatemala, tenemos un proceso de evangelismo. Así que partiré del hecho que usted conoce nuestro sistema de trabajo. Al proceso de evangelismo se le da seguimiento por medio de la hoja "Extiende tu Mano". Dicha hoja debe ser entregada por cada líder de círculo familiar en

la segunda semana del ciclo (6 semanas de trabajo).

Habiendo entendido lo anterior, se espera del supervisor que de seguimiento al proceso de evangelismo. Realizando las siguientes tareas:

- Explicar bíblicamente a sus líderes la importancia de evangelizar siempre;
- Entregar a cada líder la hoja "Extiende tu Mano" para que estos la llenen;
- En la segunda semana del ciclo, recolectar la "Hoja Extiende tu Mano" y verificar que se haya llenado de la manera correcta;
- Entregar al pastor cada una de las hojas recolectadas;
- Dar seguimiento al proceso de evangelismo en la reunión de liderazgo; y
- Organizar a sus círculos familiares para la celebración del "Día del Amigo", en detalles tales como buses, identificarse con un mismo color de ropa, etc.

Supervisar el Proceso de la Consolidación:

El Apóstol Pablo ante la confusión y retroceso de la iglesia en Galacia, expresa en **Gálatas 4:19** *"Hijitos míos, por quienes vuelvo a sufrir dolores de parto, <u>hasta que Cristo sea formado en vosotros</u>"* Los Gálatas habían mostrado un interés maravilloso por Cristo y por Pablo, al inicio, pero luego eso cambio. Por eso Pablo les dice que está "sufriendo dolores de parto", él Apóstol está expresando que la formación de la vida cristiana es un proceso, hasta que llega el momento que ya se nota la vida de Cristo en la persona. La conversión es el primer y más importante paso del creyente, ya que alcanza salvación. Sin embargo, allí comienza nuestra labor como iglesia. En el libro Creci-Ingeniería se explica que según la parábola del sembrador, en nuestras iglesias deberían de permanecer por lo menos uno de cada cuatro convertidos, es decir un 25%. ¿Le parece poco? Pues le cuento que el promedio de retención generalmente es el 7%, ¡Sí! ¡Es escandaloso!, siete de cada cien convertidos permanecen en la Iglesia. La experiencia misma de Saulo en sus primeros días de convertido, le ayudaba a entender a los demás. Saulo recibe la visita de Ananías en los primeros días de su conversión y recibe orientación acerca de lo que pasó en su vida y de quién es Jesús. Esa es una de las labores que se esperan de los supervisores, que sean quienes lideren y dirijan a sus líderes a consolidar, es decir, cuidar a los recién convertidos para que estos permanezcan en la vida cristiana. A manera de testimonio, permítame contarle que en el Distrito que el Señor me permite pastorear, tuvimos un total de 300 nuevos convertidos en nuestro evento evangelístico llamado "Abre tus Ojos" y luego de tres meses de trabajo, nos dimos cuenta que habíamos retenido 110 personas en total, eso es un aproximadamente un 35% y le damos TODA la gloria al Señor.

En nuestra iglesia, damos seguimiento a cada nuevo convertido por medio de la hoja "Sostenlos de tu Mano". Se espera que cada supervisor haga lo siguiente:

- Estar atento al momento de las conversiones en el día del amigo, para tomar datos de los nuevos convertidos o recolectarlos;
- Que entregue a cada líder la hoja "Sostenlos de tu Mano";
- Que en la reunión de liderazgo semanal, de seguimiento a la hoja "Sostenlos de tu Mano" para saber cómo va la atención de los nuevos convertidos;
- Que logre llevar a la mayor cantidad posible

de los nuevos convertidos de su sector o sub-sector al retiro llamado "Pacto con Dios", para restaurar la relación con Dios, con ellos mismos y con los demás. Ayudando con eso a la retención de los nuevos creyentes en la vida cristiana;
- Que participe activamente en el retiro llamado "Pacto con Dios"; y
- Que evalúe si se ve reflejado en el informe estadístico un avance, producto del buen trabajo con los nuevos convertidos.

Supervisar el Proceso de la Capacitación (Didaché):

Como ya mencioné en párrafos anteriores, el modelo del anuncio del evangelio de Jesús para la iglesia fue de predicar (kerygma) y enseñar (didaché). Así lo vemos en Pablo en **Hechos 28:31** *"Predicaba el reino de Dios y enseñaba acerca del Señor Jesucristo, abiertamente y sin impedimento"*. Esta misma labor se espera de la iglesia de nuestros días, que anuncie el evangelio para introducir a los no cristianos en una relación con Dios, pero se espera también que enseñe a los nuevos creyentes. Según el Doctor Fernando Mazariegos "cuando la predicación kerygmática ha alcanzado su objetivo, es decir, la conversión del individuo mediante su inserción en la Iglesia, entra en juego la predicación dentro de la comunidad (didaché). Esta predicación une al individuo con Dios, con la Iglesia y hace que funcionen en ella." Este tipo de enseñanza es de tipo pedagógico. Ambos anuncios, tanto del evangelio como de la enseñanza, fueron practicados por la iglesia primitiva. Por lo tanto, se espera que el supervisor ayude en esta labor tan importante de capacitar bíblicamente a los nuevos convertidos de los círculos familiares bajo su cargo. Tal y como lo detallo en el libro Creci-Ingeniería, en nuestra iglesia contamos con 5 niveles de enseñanza pedagógica, llamadas Escuelas de Capacitación.

En nuestra iglesia, se da seguimiento a la enseñanza bíblica por medio de la hoja "Llévalos de tu Mano". Se espera entonces de cada supervisor que dirija el proceso de capacitación haciendo lo siguiente:

- Entregar a cada líder la hoja "Llévalos de tu Mano";
- En la reunión semanal de liderazgo, evaluar a cada líder la hoja "Llévalos de tu Mano" y chequear así el crecimiento espiritual de cada nuevo creyente;
- Explicar a los miembros de sus círculos familiares la importancia de ser capacitados bíblicamente;
- Impartir por lo menos una Escuela de Capacitación; y
- Que evalúe si se ve reflejado en el informe estadístico un avance, producto de la capacitación bíblica.

Monitorear la Multiplicación

Siempre les digo a mis líderes y supervisores, en cuanto al avance de la obra del Señor, el que trabaje diligentemente en evangelismo, consolidación y capacitación, inevitablemente tendrá el buen resultado de la multiplicación.

En nuestra iglesia, cuando un líder llega a tener aproximadamente 20 personas adultas se celebra una multiplicación y surge un nuevo círculo familiar. Si el supervisor es diligente en dirigir estos tres procesos, su resultado será la multiplicación de sus círculos familiares.

Dicha multiplicación debe hacerse también de una manera sistemática y sabia. En nuestra iglesia lo hacemos a través de la "Hoja de Multiplicación", la cual está ampliamente explicada en el libro Creci-Ingeniería, también llamamos a esta hoja "Recogiendo la Cosecha". Le presento a usted algunos pasos que el supervisor tiene que dar para multiplicar de una manera efectiva:

- Verificar que el futuro líder ya haya pasado por todo el proceso P.D.I;
- Referirlo a la entrevista con el pastor;
- Llenar la "Hoja de Multiplicación" junto al líder y asistente de líder;
- Revisar la "Hoja de Multiplicación" junto al supervisor general y pastor;
- Estar presencialmente el día de la multiplicación del círculo familiar;
- Instalar al nuevo líder del círculo familiar. Dignificándolo y poniendo sobre él las manos;
- Motivar a los hermanos a apoyar al círculo familiar en donde les corresponde quedarse;
- En la reunión de liderazgo, presentar con sus compañeros de equipo al nuevo líder; y
- Darle un seguimiento cercano al círculo familiar del nuevo líder.

Todo supervisor que cumpla diligentemente la dirección al proceso P.D.I. seguramente llegará al punto de multiplicar su sub-sector, surgiendo un nuevo supervisor. Ahora, prepárese para aprender otra faceta muy importante en las funciones del supervisor.

Capítulo 2
Las Funciones como Solucionador

Ante el crecimiento de la iglesia, surgieron muchas preocupaciones dentro de los apóstoles. Y vemos en el Apóstol Pablo tres preocupaciones principales que son en las que más insiste en sus diferentes escritos del Nuevo Testamento. Pablo estaba muy atento a solucionar todo lo que tenía que ver con dichos aspectos, y de la misma manera, cuando un supervisor o pastor se percata de este tipo de situaciones en algún círculo familiar, no puede dejarse al tiempo, amerita que se resuelva lo antes posible. El Pastor confía que el supervisor será su representante para resolver los diferentes problemas que se presentan en un círculo familiar.

Muchos de los escritos del Nuevo Testamento son la muestra de la preocupación del supervisor de las iglesias por las situaciones que se daban, no solo bastaba establecer la iglesia, había que velar porque estuvieran bien y ayudar a resolver los conflictos que se daban en ellas. Así también no sólo basta establecer los círculos familiares sino velar por su crecimiento espiritual y resolver los conflictos que en ellos se dan. Así se percibe la preocupación de Pablo por las iglesias en **2 Corintios 11:28** *"Y como si fuera poco, cada día pesa sobre mí la preocupación por todas las iglesias"*. Esta es una verdadera seña de un hombre llamado a cuidar las iglesias o círculos familiares, una preocupación sincera por la situación espiritual de ellas. Esa debe ser la preocupación de un supervisor por la situación de sus círculos familiares. Las dificultades en los círculos son muy diversas, sin embargo, nos ocuparemos de tres que consideramos que fueron las que Pablo más se enfocó en atender. Estas son las siguientes:

La Doctrina Bíblica

Mucho del contenido de las cartas Paulinas tienen como objetivo orientar a los hermanos hacia cierta doctrina o práctica de la iglesia. Para citar únicamente algunos ejemplos leemos en **1 Tesaloniscences 4:15-17** *"Por lo cual os decimos esto en palabra del Señor: que nosotros que vivimos, <u>que habremos quedado hasta la venida del Señor,</u> no precederemos a los que durmieron. v16 <u>El Señor mismo, con voz de mando, con voz de arcángel</u>[9] <u>y con trompeta de Dios, descenderá del cielo.</u> Entonces, los muertos en Cristo resucitarán primero. v17 Luego nosotros, los que vivimos, los que hayamos quedado, seremos arrebatados juntamente con ellos en las nubes <u>para recibir al Señor en el aire, y así estaremos siempre con el Señor."</u>* Ante las diferentes corrientes existentes en los tiempos de la iglesia primitiva, Pablo enseña a la iglesia de Tesalónica que un día regresará el Señor por su iglesia. La doctrina era una de las principales preocupaciones de las autoridades de la iglesia primitiva y debido a la expansión de la iglesia, se hacen necesarios escritos que hicieran que las congregaciones nacientes no se salieran de la doctrina de los apóstoles, así lo leemos en **Hechos 2:42 DHH** *"<u>Y eran fieles en conservar la enseñanza de los apóstoles</u>, en compartir lo que tenían, en reunirse para partir el pan y en la oración."* Ser celosos en la doctrina de los apóstoles se hizo muy necesario por todas las corrientes heréticas de ese tiempo, hoy en día no es muy diferente, vivimos un tiempo en el que oímos todo tipo de herejías.

En cierta oportunidad, en uno de nuestros círculos familiares entró un hombre diciendo que quería participar, a lo que el líder le hizo pasar adelante. Luego de un tiempo de estar allí sentado le pidió al líder si podía compartir un versículo bíblico, a lo que nuestro líder le dijo que no era posible. Un tiempo después el hombre se levantó y se puso a hablar y acusar a todos los presentes de tener errores doctrinales en lo que creían, gracias al Señor el líder logró solucionar el problema. Este hombre pidió entrar y hablar, pero en la radio y televisión hay muchas personas que hablan erróneamente sin pedir permiso para entrar.

Nuestra gente está expuesta a todo tipo de mensajes y cuando el supervisor detecte una mala interpretación de la Biblia en algún miembro del círculo familiar o no digamos de un líder, se espera de él que tenga el conocimiento bíblico para solventar dicha situación. Recomendamos que todo supervisor maneje de una manera completa los Manuales del Alumno y del Maestro de las Escuelas de Capacitación. En especial el nivel cuatro, el cual está dedicado a las doctrinas básicas y esenciales de la iglesia. Si es posible, sería muy recomendable que el supervisor ingresara a un instituto bíblico. Vemos en **1 Corintios 11:33-34** *"Así que, hermanos míos, <u>cuando os reunáis a comer, esperaos unos a otros</u>. Si alguno tiene hambre, que coma en su casa, para que no os reunáis para condenación. <u>Las demás cosas las pondré en orden cuando vaya</u>".* El apóstol Pablo está orientando y corrigiendo a la iglesia de Corintio en lo que respecta a la forma o práctica de la Cena del Señor. Y claramente les dice que cuando llegue pondrá en orden las demás cosas. Esa es precisamente una de las labores primordiales del supervisor y pastor, poner en orden lo que esté fuera de la práctica y doctrina cristiana. Todo esto, por supuesto con gracia y sabiduría.

Las Relaciones entre Hermanos

Pablo les escribe también a los Corintios, haciéndoles ver que necesitaban madurar, pues había entre ellos peleas y celos. Así lo vemos en **1 Corintios 3:1-3** *"De manera que yo, hermanos, no pude hablaros como a espirituales, sino como*

a carnales, como a niños en Cristo.v2 Os di a beber leche, no alimento sólido, porque aún no erais capaces; ni sois capaces todavía, v3 porque aún sois carnales. En efecto, <u>habiendo entre vosotros celos, contiendas y disensiones, ¿no sois carnales y andáis como hombres?</u>" Para Pablo, las peleas y problemas entre hermanos, era tan importante resolverlo que decide escribirles para orientarlos, entre otras cosas, en este aspecto. Se espera del supervisor que dé PRIORIDAD, a la solución de problemas de relaciones interpersonales. El Pastor no puede estar en todos los círculos familiares atendiendo cada una de estas cuestiones, es por eso que se delega autoridad al supervisor para que este ayude en la solución de dichas situaciones. Sin embargo, es recomendable que si no logra controlar el problema y darle solución, el supervisor auxiliar debe pedir ayuda del supervisor general y si éste no lo puede solucionar, entonces ya se requiere la ayuda del pastor. Es importante dejar claro, que en cuestiones de pecado en las que se requiera dirigir a alguien y limitarle por algún tiempo de sus privilegios, es tarea EXCLUSIVA del pastor atender estos casos y tomar este tipo de decisiones.

La Vida del Líder

Dentro de las cartas Paulinas, tres de ellas se reconocen como pastorales. Las dos escritas a Timoteo y la de Tito, quienes eran discípulos formados por Pablo para liderar la iglesia. En el libro de Introducción al Nuevo Testamento de Everett F. Harrison dice: "Ambos parecen actuar como representantes autorizados de Pablo que tienen necesidad del apoyo y aliento ofrecidos en estos escritos. Timoteo responsable de una obra bien establecida en Éfeso, y posiblemente en toda la provincia de Asia, Tito como organizador de una nueva obra en las isla de Creta".

Lea conmigo en **2 Timoteo 2:1-6** *"Tú, pues, hijo mío, <u>esfuérzate en la gracia que es en Cristo Jesús</u>. v2 Lo que has oído de mí ante muchos testigos, esto <u>encarga a hombres fieles que sean idóneos para enseñar</u> también a otros. v3 Tú, pues, <u>sufre penalidades</u> como buen soldado de Jesucristo. v4 <u>Ninguno que milita se enreda</u> en los negocios de la vida, a fin de agradar a aquel que lo tomó por soldado. v5 Y también el que lucha como atleta, no es coronado si no lucha legítimamente. v6 El labrador, para participar de los frutos, <u>debe trabajar primero</u>"*. Vemos en esta carta la preocupación de Pablo por el líder de la iglesia, dándole palabras de ánimo para esforzarse, para no dejarse vencer por las penalidades y para trabajar y así disfrutar de los frutos. Se espera del supervisor que muestre un interés primordial en la vida del líder, que al notar cierto desánimo o problemas que esté afrontando el líder de un círculo familiar, inmediatamente acuda para ayudarle y animarle en la fe. El trabajo del ministerio es desgastante y se requiere de un supervisor que tenga siempre una palabra de Dios y de ánimo para sus líderes.

Bueno, hasta ahora hemos entendido la importancia de la función del supervisor tanto en el proceso llamado P.D.I., como en su función de solucionador de problemas doctrinales, de problemas entre hermanos y de problemas en la vida o ánimo del líder. Nos corresponde en el siguiente capítulo ver sus funciones en cuanto al sistema de trabajo de los círculos familiares. Veámoslo juntos.

Capítulo 3
Las Funciones en los Círculos Familiares

Hemos dado ya una amplia base bíblica del origen del ministerio de obispo o supervisor, entendiendo las expectativas que tiene Dios, la gente y el pastor de este ministerio. Hemos hablado del valor del papel pastoral en este ministerio. Y estamos en esta sección entendiendo las funciones que tiene que desarrollar el supervisor. Dentro de estas funciones, una de las básicas es que sepa encausar a los diferentes círculos a su cargo, para que estos conozcan y caminen en el sistema (método) de los círculos familiares.

Como iglesia, hemos entendido que la labor de supervisión de los círculos tiene básicamente tres tiempos. A esto le hemos llamado "los tres tiempos de la supervisión", y bajo esa perspectiva lo estudiaremos en este capítulo.

Los Tres Tiempos de la Supervisión

Antes de entrar a analizar de lleno cada uno de los tres tiempos de la supervisión, lea con interés lo que dice **2 Corintios 12:14** *"Ahora, por tercera vez estoy preparado para ir a vosotros; y no os seré una carga, porque no busco lo vuestro, sino a vosotros, pues no deben atesorar los hijos para los padres, sino los padres para los hijos"*. Se percibe un sincero interés de Pablo por la gente y también una supervisión **¡constante!** A pesar de las distancias y de la gran cantidad de lugares a los que Pablo iba para predicar el evangelio, dice que por tercera vez llegará a visitar a los Corintios. Esa debe ser una característica primordial en los supervisores, constantemente supervisar los diferentes círculos familiares.

Hace algunos años, nuestro paradigma de supervisión era que mientras más círculos supervisáramos en un día, más efectivos éramos. Pero caímos en el problema de una supervisión inefectiva, porque en algunos casos, el supervisor sólo pasaba saludando con tal de reportar que vio una cantidad "impresionante" de círculos. Así que determinamos pedir a los supervisores que vieran un sólo círculo familiar, pero que estuvieran del principio al final y así fueran realmente efectivos en su trabajo. Habiendo entendido esto, sugerimos a nuestros supervisores que llevaran objetivos claros a realizar en cada uno de los tiempos del círculo. Antes, Durante y Después del Círculo Familiar. Veamos cada uno de ellos:

Antes del Círculo Familiar

Según F. Harrison "El interés de Pablo por la isla de Creta, estimulado sin duda por su limitado contacto con dicha isla en su viaje a Roma, pudo finalmente hallar expresión en una campaña misionera en aquel lugar. Tito fue como un ayudante, y cuando Pablo vio que era necesario regresar al continente, escribió para fortalecer la mano de su delegado que estaba actuando todavía en la isla. Tito fungió entonces como organizador de una nueva obra en la isla de Creta, donde Pablo había trabajado con él por cierto tiempo. **Tito 1:4-5a**"*A Tito, verdadero hijo en la común fe: Gracia, misericordia y paz, de Dios Padre y del Señor Jesucristo, nuestro Salvador. v5 Por esta causa te dejé en Creta (...)*" Es muy interesante saber que Pablo estuvo en el campo de batalla con Tito, luego lo dejó para que él continuara la labor. Eso es precisamente lo que esperamos que el supervisor haga cuando llega a un círculo familiar, que apoye al líder en el trabajo que realiza. Permítame, con humildad contarle un testimonio personal, recuerdo que cuando inicié como supervisor auxiliar, me asignaron dos círculos familiares que habían salido producto

de la multiplicación de mi círculo, aparte de estos me dieron otro grupo que tenía 4 o 5 personas. El primer sábado que me tocó ir a supervisar me dirigí a este otro grupo, hablé con la líder y le pedí que juntos hiciéramos una lista de las personas que anteriormente habían llegado al círculo y ya no estaban asistiendo. Resultado de esto obtuvimos una lista de más de 20 personas, acto seguido fuimos a la casa de la mayoría de estas personas (era un condominio pequeño en donde todas las casas estaban cercanas), y gracias al Señor fruto de ello logramos que varias personas se reintegraran al círculo familiar y tuviéramos una cantidad considerable en esa reunión. Un año después, ese círculo familiar que estaba muy débil, lo logramos multiplicar para la gloria de nuestro buen Dios.

Antes de iniciar el círculo familiar el supervisor debe llegar y reunirse con el líder, pero más que hablar debe ayudarle ese día a realizar el trabajo. Ya sea ir a visitar a alguien que ya no está llegando, colocar adornos, preparar la casa, etc. Para que el líder se sienta apoyado. La palabra clave del trabajo del supervisor antes del círculo es APOYADOR del líder. Esto unirá al supervisor con su discípulo y hará que no lo vea únicamente como el que llega a ver que él trabaje sino como una persona que le apoya en su labor. Por eso, quiero recomendar a los supervisores para este tiempo de la supervisión lo siguiente:

- Coordínese con el líder para reunirse antes del círculo familiar;
- Llegue de 30 a 45 minutos antes de la reunión;
- Pregúntele al líder cómo se siente respecto al mensaje que compartirá y ayúdele si tuviera algunas dudas;
- Vaya con el líder a traer a las personas nuevas o que ya no han llegado al círculo;

- Ayude en toda labor de preparación de la reunión;
- Ore en un lugar aparte por el líder para que Dios lo use; y
- Dígale al líder que estará orando para que todo salga bien.

Durante el Círculo Familiar

El Segundo tiempo importante en el que debe participar el supervisor, es durante el desarrollo del círculo familiar. Lea conmigo en **1 Timoteo 4:6** NVI *"Ten cuidado de tu conducta y de tu enseñanza. Persevera en todo ello, porque así te salvarás a ti mismo y a los que te escuchen"*. Note usted que una de las preocupaciones pastorales de Pablo era que el líder Timoteo, tuviera una conducta y doctrina correctas. Esta debe ser también de las principales prioridades del supervisor, motivar a su líder a vivir correctamente y prepararse bíblicamente para dirigir a los suyos. Es importante que el supervisor verifique que el mensaje se imparta de la manera correcta para edificar a los hermanos. Es recomendable que el supervisor mire cómo lo hace el líder, porque de esa manera tendrá una correcta perspectiva de lo que pasa en ese círculo cuando él no está. La palabra clave del trabajo del supervisor durante el círculo es OBSERVADOR, Sin embargo, es adecuado, que esporádicamente predique también el supervisor. Para este tiempo de la supervisión recomendamos a cada supervisor estar atento a lo siguiente:

- Escuche con atención el mensaje;
- Vea con atención como se desarrolla cada uno de los privilegios, y si se está respetando la agenda con los tiempos establecidos. Si mira algo incorrecto NO corrija públicamente a nadie;

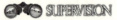

- En el momento de la oración, mida el ambiente espiritual del círculo familiar;
- Al final de la reunión, si no predicó, lea un versículo bíblico para animar a ese círculo familiar a seguirse reuniendo y haciendo la obra del Señor;
- Agradezca públicamente al anfitrión por prestar su casa; y
- Felicite públicamente al líder por su labor.

Después del Círculo Familiar

El Apóstol Pablo deja bien claro lo que espera de su discípulo en el pasaje de **Tito 1:5a** *"Por esta causa te dejé en Creta, para que corrigieras lo deficiente (...)"*. Tito fue establecido para corregir lo que estuviera mal. Eso es lo que se espera de un supervisor que llega a un círculo familiar, que lo bueno lo felicite pero que lo que no está bien lo corrija sabiamente.

Podemos aprender mucho del modelo dado por Dios en las cartas a las iglesias de Asia, en cada una de ellas, en el libro de Apocalipsis, vemos una palabra positiva "conozco", una palabra correctiva "arrepiéntete" y una promesa "al que persevere le daré". Le recomiendo para el tercer tiempo de la supervisión, llamar aparte al líder y aplicar este modelo de la manera siguiente:

- **Señale lo Positivo:** En todas las cartas del Apocalipsis, Dios le señala a cada iglesia primeramente lo positivo. Antes de corregir, siempre señale lo que el líder hizo bien en esa reunión.
- **Corrija:** Lo segundo que observamos en las cartas del Apocalipsis es una corrección. Siempre habrán cosas que corregir en la reunión o en el líder, pero debe

hacerse con mucha gracia, con amor y mucha pero mucha sabiduría. Recuerdo que en una oportunidad llegué a un círculo familiar como supervisor y el líder del círculo me recibió con gran alegría, paso seguido me dijo en lo privado, ¿usted va a predicar? A lo que le respondí: NO, yo quiero que predique usted. Lo escuché predicar y era evidente que no se había preparado. Al final de la reunión luego de haberle dicho todo lo que había hecho bien, con mucha pena tuve que decirle: "creo que le he escuchado mejores mensajes, se que a veces por el tiempo cuesta prepararse pero le motivo en ese aspecto". Recuerde que Pablo dejó a Tito en Creta para que corrigiese lo deficiente. Si el supervisor llega a un círculo y a pesar de ver deficiencias nunca corrige, entonces no está cumpliendo su labor de supervisión correctamente. El supervisor, en cierta forma, es el responsable de volver a meter al carril el tren que se ha salido. Cuando voy a un círculo familiar, me doy cuenta de cómo trabaja ese líder pero también si la labor del supervisor se nota allí o no.

- **Motive:** Lo último que Dios le dice a las iglesias de Asia, es darles una promesa como una motivación a mejorar. Quiero recomendar a todo supervisor que al finalizar la reunión, agradezca en privado al líder y al anfitrión por su labor. Y luego a los diferentes hermanos que hacen una labor importante en el círculo, como por ejemplo el maestro de niños, entre otros. Las palabras clave del trabajo del supervisor después del círculo son EVALUADOR Y MOTIVADOR.

Para ilustrar la labor del supervisor en los círculos vea el siguiente diagrama:

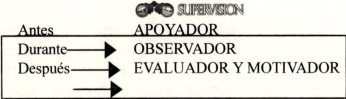

Antes	APOYADOR
Durante ⟶	OBSERVADOR
Después ⟶	EVALUADOR Y MOTIVADOR
⟶	

Nos corresponde entonces entrar a la parte final de este libro, en donde compartiré con ustedes las herramientas que proporcionamos a nuestros supervisores para ayudarles a ser más efectivos en su labor. Examinémoslo juntos.

SECCIÓN 5

Las Herramientas del Supervisor

Capítulo 1
El Valor de los Controles Escritos

Uno de los "Proverbios" de nuestra iglesia es el siguiente: **"lo que no se evalúa se devalúa"**, nos hemos dado cuenta en todos estos años de trabajo en el crecimiento de la iglesia, que cuando dejamos de evaluar algún aspecto de trabajo, las personas tienden a descuidarlo. ¡No debería ser así! sin embargo, muchas personas así funcionan. Por lo que es importante tener controles escritos y evaluarlos frecuentemente, para mantener el rumbo en los objetivos trazados.

Con respecto a los controles numéricos que se llevan por escrito, quizás usted está pensando ¡Por favor deme una base bíblica!, bueno, en primer lugar tenemos en el Antiguo Testamento el libro de Números, que como su nombre lo indica, nos proporciona datos numéricos importantes. Por ejemplo, dedica los primeros cuatro capítulos para describir el censo que Dios ordenó a Moisés que realizara. A Jehová le interesaba que Moisés supiera cuánta gente tenía bajo su responsabilidad y este conteo realizado, es un dato muy importante que ha quedado registrado para todas las generaciones que hemos venido después de ellos. Una pequeña muestra de este interés por los datos numéricos lo leemos en **Números 1:1-3** *"Habló Jehová a Moisés en el desierto de Sinaí, en el Tabernáculo de reunión, el primer día del segundo mes, el año segundo de su salida de la tierra de Egipto, y le dijo:2 "Haced el censo de toda la congregación de los hijos de Israel, por sus familias y por las casas de sus padres, registrando uno por uno los nombres de todos los hombres. 3 De veinte años para arriba, tú y Aarón registraréis a todos los que pueden salir a la guerra en Israel, según el orden de sus ejércitos."*

En el Nuevo Testamento, vemos el interés por los números de la naciente iglesia cristiana, quienes dejaron <u>por escrito</u> para la historia universal la cantidad de personas que creyeron en Cristo en el primer mensaje del Apóstol Pedro **Hechos 2:41** *"Así que, los que recibieron su palabra fueron bautizados, y se añadieron aquel día como <u>tres mil personas</u>"*. Aunque la Biblia no da un dato exacto, pues dice "<u>como</u> tres mil personas", vemos en este versículo el interés de los apóstoles por saber cuántos se habían acercado a Cristo, seguramente para poderlos cuidar y guiar en la vida cristiana. Quisiera que por favor responda a la siguiente interrogante ¿Cómo una iglesia o círculo familiar puede saber si ha perdido o ganado gente? ¡Sí!, únicamente contándolos, tal y como lo vemos en la parábola de la oveja perdida, en la que el pastor fue a buscar a la perdida, luego de haberse percatado que le faltaba "UNA" de las "CIEN" que tenía. Aunque esta es una parábola, muestra un principio claro que Dios quiere que entendamos, saber cuántos tenemos y recuperar al que ya no estaba cuando contamos nuestras ovejas.

Podríamos mencionar muchas más bases bíblicas relacionadas con los controles numéricos, pero veamos únicamente un versículo más. **Hechos 4:4** *"Pero muchos de los que habían oído la palabra, <u>creyeron</u>; y <u>el número</u> de los hombres era <u>como cinco mil</u>"*. En esta segunda predicación del Apóstol Pedro, vemos una vez más que la iglesia primitiva tenía un control numérico de las personas que creían en Cristo.

Bueno, habiendo entendido la importancia de llevar un control escrito de las personas que Dios nos confía. Y habiendo hablado de los controles que el supervisor revisa a cada uno de sus líderes en el proceso P.D.I. (Hoja Extiende tu Mano, Hoja Sostenlos de tu Mano, Hoja Llévalos de tu

Mano y Hoja de Multiplicación). Extra a estos controles, el supervisor maneja tres formatos, estos son:

- El Informe Estadístico;
- El Reporte del Supervisor; y
- El Formato de Proyección de Círculos a Visitar.

Permítame describirle en los siguientes capítulos cada uno de ellos a detalle.

Capítulo 2
El Informe Estadístico del Supervisor

INFORME ESTADÍSTICO
SUPERVISOR

Fecha Ciclo
del: (2,00) al: (2,00)

Nombre: _____ No. de Sub-Sector/Sector: _____

		INICIO	MAYO				JUNIO	META
			03	10	17	24	31	07
DATOS CCI	Hermanos							
	Discípulos							
	Amigos							
	Niños Cristianos							
	Niños Amigos							
	TOTAL							
	Conversiones							
	Conversiones Niños							
PDI	Visita Telefónica							
	Visita Electrónica							
	Visita Personal							
	Escuela de Capacitación							
IGLESIA	Hermanos							
	Discípulos							
	Niños							
	Amigos							
	Conversiones							

Colores para la gráfica
CIRCULO FAMILIAR (CCF) — ROJO
ASISTENCIA AL CULTO INSPIRADOR — AZUL

Objetivo del Informe

El objetivo del informe estadístico, es llevar un control escrito del comportamiento numérico del sub-sector o sector a cargo del supervisor durante el último Ciclo (seis a ocho semanas de trabajo), ilustrando fácilmente el avance o retroceso numérico de dicho sector o sub-sector.

Beneficios de Utilizarlo

Al llenar el informe estadístico, el supervisor podrá tener un control numérico del comportamiento de sus círculos familiares y saber si está avanzado o decreciendo. Por ejemplo si el supervisor nota que en la iglesia está mermando la asistencia, debe evaluar con cada uno de sus líderes el por qué de esta situación. Podría encontrarse con situaciones tales como: El bus que transporta a la gente ya no está llegando, desánimo en los líderes, problemas de inseguridad en las áreas donde trabaja, etc. Y en base a eso podría tomar diferentes medidas, como por ejemplo: Contratar otro bus, hacer una actividad para ministrar a sus líderes y animarlos, hablar con el pastor acerca de los problemas de inseguridad que están enfrentando, etc. Pero todo este análisis surgió de ver reflejado un descenso en la iglesia en el informe estadístico. De allí la importancia de este informe.

Cómo Utilizarlo.

Los datos de este informe, se actualizan con la sumatoria de todos los reportes de líder del sector o sub-sector. Veamos cada uno de estos datos:

Este informe consta de tres áreas importantes que son:
    1. Datos CCI: Estos son los resultados de asistencia a

los círculos familiares obtenidos en el sector o sub-sector en la última semana de trabajo.
2. **Datos PDI:** Estos son los resultados obtenidos en el proceso PDI en la última semana de trabajo.
3. **Datos IGLESIA:** Estos son los resultados obtenidos en el culto del día domingo en la última semana de trabajo.

Veamos ahora los datos contenidos en cada una de estas áreas:

1. **Datos CCI**

- **Hermanos:** En esta casilla el supervisor anota la **suma-toria** de hermanos, mayores de 12 años, que asistieron a los diferentes círculos familiares del sector o sub-sector.

- **Discípulos:** Llamamos discípulos a todos aquellos hermanos que ya concluyeron todo el proceso PDI, entiéndase el retiro llamado Pacto con Dios, el bautismo en agua, los 5 niveles de capacitación y el retiro Zarza. En esta casilla, el supervisor anota la **sumatoria** de hermanos que ya concluyeron dicho proceso, que asistieron a las reuniones semanales de los círculos familiares pertenecientes al sector o sub-sector. Por ejemplo si en la reunión semanal se tuvo de asistencia 30 hermanos como **suma** total de los círculos que pertenecen al sector o sub-sector, ese dato se anota en la casilla "Hermanos" y si de ellos, 20 ya concluyeron el Proceso PDI, se anotará 20 en esta casilla de "Discípulos".

- **Amigos:** Aunque hay un día dedicado especialmente para nuestros amigos que no conocen a Cristo, es permitido que en cualquier semana los recibamos en nuestros Círculos Familiares y el líder al final

del mensaje deberá hacer una invitación para recibir a Cristo como Salvador. En esta casilla se anota la **sumatoria** de los amigos no cristianos que tuvimos en la reunión semanal de los Círculos Familiares pertenecientes al sub-sector o sector.

- **Niños Cristianos:** En esta casilla el supervisor anota la **sumatoria** de niños cristianos, menores de 12 años, que asistieron a las reunión semanal de los Círculos Familiares pertenecientes al sector o sub-sector.

- **Niños Amigos:** En esta casilla el supervisor anota la **sumatoria** de niños amigos, es decir que no conocen a Cristo, menores de 12 años, que asistieron a la reunión semanal de los Círculos Familiares pertenecientes al sector o sub-sector.

- **Conversiones:** En esta casilla el supervisor anota la **sumatoria** de personas, mayores de 12 años, que recibieron a Cristo en su corazón en la reunión semanal de los Círculos Familiares pertenecientes al sector o sub-sector.

- **Conversiones Niños:** En esta casilla el supervisor anota la **sumatoria** de niños, menores de 12 años, que recibieron a Cristo en su corazón en la reunión semanal de los Círculos Familiares pertenecientes al sector o sub-sector (en la clase de niños).

2. **Datos PDI**

- **VISITAS**
    - **Telefónica:** Aquí el supervisor anota la **sumatoria** de mensajes de texto que envió o llamadas telefónicas que realizó el **sector o sub-sector**, durante la semana, para pastorear los miembros de los Círculos Familiares.

- o **Electrónica:** Aquí el supervisor anota la **sumatoria** de correos electrónicos que envió el **sector o sub-sector** durante la semana, para pastorear a los miembros de los Círculos Familiares.

- o **Personal:** Aquí el supervisor anota la **sumatoria** de visitas a hogares o atenciones personales que realizó el sector o sub-sector, durante la semana, para pastorear a los miembros de los Círculos Familiares.

- **Esc. De Capacitación:** Aquí el supervisor anota la **sumatoria** de hermanos del sector o sub-sector, que durante la semana, asistieron a los diferentes niveles de la Escuela de Capacitación.

3. **Datos IGLESIA**

    - **Hermanos:** En esta casilla el supervisor anota la **sumatoria** de hermanos, mayores de 12 años, de los Círculos Familiares pertenecientes al sector o sub-sector, que asistieron al **Culto** del día domingo.

    - **Discípulos:** Llamamos discípulos a todos aquellos hermanos que ya concluyeron todo el proceso PDI, entiéndase el retiro llamado Pacto con Dios, el bautismo en agua, los 5 niveles de capacitación y el retiro Zarza. En esta casilla, el supervisor anota la **sumatoria** de hermanos de los Círculos Familiares, pertenecientes al sector o sub-sector, que ya concluyeron dicho proceso, que asistieron al **Culto** del día domingo. Por ejemplo si en el Culto dominical se tuvo de asistencia 30 hermanos como **suma** total de los círculos que pertenecen al sector o sub-sector, ese dato se anota en la casilla "Hermanos" y si de ellos, 20

ya concluyeron el Proceso PDI, se anotará 20 en esta casilla de "Discípulos".

- **Niños:** En esta casilla el supervisor anota la **sumatoria** de niños cristianos, menores de 12 años, de los Círculos Familiares pertenecientes al sector o sub-sector, que asistieron al **Culto** del día domingo.

- **Amigos:** Aunque hay un día dedicado especialmente para nuestros amigos que no conocen a Cristo, es permitido que en cualquier semana los recibamos en nuestros **Cultos**. En esta casilla se anota la **sumatoria** de amigos no cristianos, que tuvimos en el **Culto** del día domingo, pertenecientes a los Círculos Familiares del sector o sub-sector.

- **Conversiones:** En esta casilla el supervisor anota la **sumatoria** de personas, mayores de 12 años, que recibieron a Cristo en su corazón en el **Culto** del día domingo, pertenecientes a los Círculos Familiares del sector o sub-sector.

- **Ofrenda Círculo:** En esta casilla, se anota la **sumatoria** de la ofrenda que se recaudó en los Círculos Familiares, pertenecientes al sector o sub-sector, la cual debe ser entregada el día domingo.

4. **Otros Datos Importantes en el Informe Estadístico del Supervisor:**

- **Inicio:** En la primera columna incluida en el informe estadístico, la cual está titulada "INICIO", se debe anotar el dato de inicio del año del sub-sector o sector. En cuanto a los aspectos de asistencia de Hermanos adultos, tanto a la reunión del Círculo Familiar como al Culto. Estos dos aspectos son los que principalmente se evaluarán durante el año para determinar el avance o retroceso de cada sub-sector o sector.

- **Columnas:** En el informe se incluyen de 6 a 8 columnas, que cada una de ellas representa una semana de trabajo, generalmente van tituladas con un número que indica la fecha en la que concluye cada semana de trabajo. Por lo general llevan la fecha del día sábado que, en el caso de nuestra iglesia, es el día en que la mayoría de Círculos Familiares se reúnen.

- **Meta:** Cada inicio de año proyectamos que porcentaje deseamos avanzar en el año sea un 25%, 50% o más. Luego esa meta la distribuimos en los diferentes ciclos del año. Generalmente tenemos 7 u 8 ciclos de trabajo, de 6 a 8 semanas cada uno. Así que determinamos una meta para cada ciclo, la cual se anota en esta casilla. Por ejemplo: Si el sub-sector inició con 30 hermanos y tiene como meta del año llegar a 51 hermanos, deberá avanzar 21 personas en el año. Si tenemos 7 ciclos durante el año, deberá avanzar 3 personas por cada ciclo de trabajo. Entonces si empezó con 30, su meta para el primer ciclo será llegar a 33 hermanos, por lo tanto este número 33 se anotará en la columna META para el primer ciclo de trabajo en el informe estadístico.

- **Gráfica Estadística:** En la parte inferior del informe estadístico se incluye un cuadro para trazar una gráfica estadística, en dicho cuadro también hay una columna para cada semana de trabajo, se puede ilustrar con una gráfica lineal o de barras. Los dos aspectos que se deben graficar son la asistencia de hermanos a los Círculos Familiares y a la Iglesia.

Es importante hacer notar que este informe lo deben llevar líderes para el control de su Círculo Familiar, los Supervisores para llevar una sumatoria de los Círculos que tienen a su cargo y el Pastor para tener un total como iglesia. Cada semana, en la reunión de liderazgo, el Pastor deberá revisar esta gráfica a sus supervisores y los supervisores a sus líderes, para aplaudir lo que se hizo bien y corregir lo que sea necesario.

Habiendo entendido el Informe Estadístico, veamos otro informe muy importante en el siguiente capítulo.

Capítulo 3
Reporte del Supervisor

Reporte de Supervisor

Fecha:
Sector o Subsector:

Nombre del Supervisor:

Nombre del Líder:

Aspectos observados y acciones dentro del Círculo Familiar:

Antes del CF:

Durante el CF:

Despues del CF:

Trabajo Pastoral realizado por el Supervisor:
Llamada Telefónica:
Resultado:

Visita Personal:
Resultado:

Atención al líder o Supervisor:
Resultado:

P.D.I.	No. de Invitados Día del Amigo	No. Hermanos Pacto con Dios	No. Alumnos Escuelas de Cap.	No. Círculos a Multiplicar

Objetivo del Formato

El objetivo de este formato, es reportar el trabajo realizado por el supervisor durante la última semana.

Beneficios de Utilizarlo

Este formato, le permite al pastor verificar que el trabajo de la supervisión se está realizando y a su vez saber si se requiere de su intervención en algún problema que se esté dando en determinado sector o sub-sector.

Cómo Utilizarlo.

A continuación se detallan las diferentes casillas a llenar en el reporte del supervisor.

Encabezado del Reporte:

- **Fecha:** En esta casilla se anota la fecha que se está entregando el reporte, generalmente se entrega al pastor el día domingo, al terminar el servicio.
- **Sector o Sub-Sector:** En esta casilla se anota el número de sector o sub-sector asignado por la iglesia.
- **Nombre del Supervisor:** En este espacio, el supervisor anota su nombre completo.
- **Nombre del Líder:** En este espacio se anota el nombre del líder del círculo familiar que visitó en la última semana.
- **No. Círculo:** En este espacio se anota el número del círculo familiar que visitó en la última semana.

Aspectos Observados y Acciones Tomadas dentro del Círculo Familiar:

- **Antes del CF:** En esta sección, el supervisor anotará qué vio antes de iniciar el círculo familiar y cómo apoyó al líder en su trabajo.

- **Durante el CF:** En esta sección, el supervisor anotará qué vio durante el desarrollo del círculo familiar y qué participación tuvo en el mismo.

- **Después del CF:** En esta sección, el supervisor anotará qué aspecto positivo, de corrección y motivación dio al líder. Si tuvo alguna palabra de gratitud para el anfitrión o algún otro miembro del círculo familiar.

Trabajo Pastoral Realizado por el Supervisor

- **Llamada Telefónica-Resultado:** En esta sección, el supervisor anotará si realizó alguna llamada telefónica, especialmente a algún líder de círculo familiar, o a algún otro hermano, y qué resultado obtuvo de ella.

- **Visita Personal-Resultado:** En esta sección, el supervisor anotará si realizó alguna visita a un hogar, especialmente de algún líder de círculo familiar, o a algún otro hermano, y qué resultado obtuvo de ella.

- **Atención a Líder o Supervisor – Resultado:** En esta sección, el supervisor auxiliar anotará si realizó alguna atención a algún líder, y el supervisor general anotará si atendió a algún supervisor auxiliar. Esta atención pudo haber sido en la iglesia u otro punto. Si son personas de diferente sexo, no se recomienda reunirse en lugares que no sea la iglesia para tratar

asuntos ministeriales. Al final debe anotar qué resultado se tuvo de la atención realizada.

P.D.I

- **No. De Invitados para Día del Amigo:**

    En este recuadro, el supervisor debe anotar la sumatoria de invitados, que tiene en sus círculos familiares para el próximo día del amigo.

- **No. Hermanos p/ Pactos con Dios:**

    En este recuadro, el supervisor debe anotar la sumatoria de hermanos recién convertidos, que irán al próximo retiro espiritual llamado "Pacto con Dios".

- **No. Alumnos p/ Escuelas de Cap.**

    En este recuadro, el supervisor debe anotar la sumatoria de hermanos que tiene en sus círculos familiares, que actualmente están recibiendo algún nivel de la escuela de capacitación.

- **No. Círculos a Multiplicar:**

    En este recuadro, el supervisor debe anotar el total de los círculos que multiplicará en la fecha establecida por la iglesia. Generalmente se tienen dos fechas de multiplicación, en Junio y en Noviembre.

Este reporte da mucha luz al pastor y es de gran beneficio para el Reino de Dios, hay un formato más que en este último tiempo ha sido de gran utilidad para el trabajo de la supervisión, veámoslo juntos en el siguiente capítulo.

Capítulo 4
Proyección de Círculos a Visitar

Proyección de Círculos a Visitar

No. Sector o Subsector:_____
Nombre del Supervisor:_____

Fecha	Círculo a Visitar	Objetivo de la Visita	Resultado

Objetivo del Formato

El objetivo de este formato, es proyectar de una manera escrita los círculos que el supervisor visitará durante el Ciclo (seis a ocho semanas de trabajo).

Beneficios de Utilizarlo

Este formato se llena en la reunión que el pastor tiene una vez al ciclo con sus supervisores. El llenar esta hoja le permitirá al supervisor, tener una supervisión planificada y no improvisada. En muchas ocasiones, si el supervisor no tiene un plan, resultará visitando el círculo familiar que le queda más cerca, el círculo que mejor está en número, el círculo familiar en donde se siente bien o simplemente no irá, por falta de tiempo.

Por otro lado, este formato le ayudará a tener un objetivo o una razón por la cual ir a cada uno de los círculos, así su visita al círculo familiar será realmente efectiva. Y también al final podrá medir la eficacia de su visita al círculo familiar. De allí la importancia de este informe.

Cómo Utilizarlo.

A continuación le detallo a usted las diferentes casillas a llenar en el formato "Proyección de Círculos a Visitar".

- **No. Sector o Sub-Sector:** En esta casilla, el supervisor anota su número de sector o sub-sector asignado por la iglesia.

- **Nombre del Supervisor:** En esta casilla, el supervisor anotará su nombre completo con letra clara.

- **Fecha:** En este espacio el supervisor anota la fecha que visitará cada uno de los círculos familiares que tiene a su cargo. Se sugiere hacerlo en forma cíclica, es decir, darle la vuelta a todos los círculos, yendo cada semana a uno de ellos. Si hay casos especiales que requieran la presencia del supervisor más seguido, se puede hacer, sin

permitir que eso sea muy frecuente, ya que de lo contrario se descuidarán los otros círculos familiares.

- **Círculo a Visitar:** En esta casilla, el supervisor anota el número de círculo familiar que visitará durante la semana. Esto debe llenarlo de común acuerdo con el pastor, para que él verifique que se está haciendo una correcta proyección.

- **Objetivo de la Visita:** Llenar esta casilla es muy importante, esto debido a que si se tiene un objetivo claro de la visita, nuestros supervisores podrán ser más efectivos. Algunos objetivos podrían ser: "Animar al Líder", "Animar al Anfitrión", "Motivar al Círculo", "Arreglar un problema", "Motivar a la Multiplicación", etc.

- **Resultado de la Visita:** Cada semana, luego de realizar la supervisión de círculos, el supervisor debe anotar que resultados tuvo de su participación. Esto le ayudará a medir su efectividad en el trabajo y le permitirá al pastor evaluar los logros.

Bueno, hemos visto ya cada uno de los informes manejados por los supervisores, permítame compartirle una promesa de Dios en el siguiente capítulo.

Capítulo 5
¡Una Promesa de Dios!

Quiero recordarle las palabras de Pablo acerca de su discípulo Timoteo en **Filipenses 2:19-22** *"Espero en el Señor Jesús enviaros pronto a Timoteo, para que yo también esté de buen ánimo al tener noticias vuestras, <u>v20 porque no tengo a ningún otro que comparta mis sentimientos y que tan sinceramente se interese por vosotros,</u> v21 pues todos buscan sus propios intereses y no los de Cristo Jesús. v22 Pero <u>ya conocéis los méritos de él, que como hijo a padre ha servido conmigo en el evangelio"</u>.* Se logra percibir un orgullo del padre hacia su hijo en la fe. Qué maravilla poder llegar al momento de dar esta expresión de un hijo en la fe. Pablo había sido usado por el Señor para transformar a Timoteo en un hombre de Dios, luego de un proceso de capacitación. Lo que hizo Pablo, es exactamente lo que nosotros debemos hacer para llevar a alguien de ser un buen líder a un excelente supervisor. Debemos llevarlo en un proceso, saberlo seleccionar, capacitar, empoderar y darle seguimiento con la evaluación. De esta manera un día podremos sentirnos orgullosos de nuestros discípulos, tanto que podamos decir "ustedes ya conocen los méritos de él", y ya no será conocido por nosotros, sino por sus propios méritos en Cristo.

Tú que compraste este libro, evidencias que estás interesado en cuidar la obra del Señor, y buscando en la Biblia, encontré una promesa de Dios, ante la cual mi corazón se quebrantó, y sabía que eran los versículos que Dios quería que utilizara para finalizar este libro. Ponle atención a esta maravillosa promesa para tu vida en **1 Pedro 5:1-4 BLS** *"<u>Quiero darles un consejo a los líderes de la iglesia.</u> Yo también soy líder como ellos, y soy testigo de cómo sufrió Cristo. <u>Además, cuando Cristo regrese y muestre lo maravilloso que es él, disfrutaré</u>*

*parte de su gloria. Mi consejo es el siguiente: v2 Cuiden ustedes de las personas que Dios dejó a su cargo, pues ellas pertenecen a Dios. Cuídenlas, como cuida el pastor a sus ovejas. Háganlo con mucho gusto, como Dios quiere, y no por obligación. No lo hagan para ganar dinero, sino con un gran deseo de servir. v3 No traten a los que Dios les encargó como si ustedes fueran sus amos; más bien, procuren ser un ejemplo para ellos. v4 **Así, cuando regrese Cristo, que es el Pastor principal, ustedes recibirán un maravilloso premio que DURARÁ PARA SIEMPRE**".*

¡Adelante! mi querido consiervo en Cristo, mi querido supervisor, mi querido líder de círculo familiar y mi querido hermano en la fe. Que juntos cuidamos la grey del Señor. Tú que has trabajado sin interés del dinero, tú que has trabajado y no has sido reconocido, tú que en medio de los problemas de tu vida no has dejado de cuidar la obra del Señor. Un día vendrá el Pastor Principal, el ¡Príncipe de los Pastores! y te premiará por tu trabajo, por tu esfuerzo y dedicación en cuidar a la gente que Dios te ha confiado. Y es maravilloso pensar que te dará un premio que **¡Durará para Siempre!**

Materiales para Apoyar tu Ministerio

Editorial Integral

Creci-Ingeniería, Audio

Contiene 3 poderosas enseñanzas en audio, impartidas por el Lic. Fabricio Roca sobre como aplicar el libro Creci-Ingeniería en su ministerio.

Libro Creci-Ingeniería
Tercera Edición

Este libro puede ayudar al nuevo creyente a entender la necesidad de los "Procesos" de Dios en su vida, al servidor cristiano puede ayudarle a formar mas efectivamente su equipo de trabajo y al Pastor, a provocar un crecimiento sostenido en su iglesia mediante procesos bien definidos. Esta obra es muy recomendada para capacitar al liderazgo de su iglesia. Descubra nuevas secciones en esta Tercera Edición.

LIBRO CAZADOR DE TALENTOS

¿Se ha preguntado por qué no surgen nuevos líderes en su ministerio? El libro Cazador de Talentos, es una útil herramienta para la búsqueda, selección y desarrollo de nuevos líderes hasta llevarlos a alcanzar su máximo potencial. La clave de la multiplicación de todo ministerio es la calidad de los líderes que formemos.

LIBRO COMUNICAR

UN MENSAJE RELEVANTE PARA UN MUNDO CAMBIANTE

La misión de la iglesia es transformar vidas y para logarlo la predicación(comunicación) tiene un papel trascendental.
Este libro nos enseña cómo utilizar las 4P de la Comunicación Moderna: Posición, Producción, Proyección y Personificación.
También nos habla del GPS del Comunicador: Generación, Principios y Sistema Actualizado.
Este libro es útil para todos aquellos que Comunican la Palabra de Dios por medio de la predicación.

El libro SUPERVISIÓN
EL ARTE DE CONVERTIR UN BUEN LIDER
EN UN EXCELENTE SUPERVISOR,
puede ser solicitado a través de
el teléfono (502) 4721-5828
Ciudad de Guatemala, C. A.
o escribir a los correos electrónicos
fabricioroca@lluviasdegracia.org
pastorfabricioroca@hotmail.com

Impreso por INDUGRAFICA
Tel.: (502) 5990-1050
e-mail: indugrafica@gmail.com

CPSIA information can be obtained at www.ICGtesting.com
Printed in the USA
LVOW10s1030040915

452856LV00003B/85/P